新课程标准下教师角色与教师培训研究

张 燕 冯晓庆 / 著

吉林出版集团股份有限公司
全国百佳图书出版单位

图书在版编目（CIP）数据

新课程标准下教师角色与教师培训研究 / 张燕, 冯晓庆著. -- 长春：吉林出版集团股份有限公司, 2024.6. -- ISBN 978-7-5731-5275-6

Ⅰ. G451

中国国家版本馆CIP数据核字第2024W3J247号

XIN KECHENG BIAOZHUN XIA JIAOSHI JUESE YU JIAOSHI PEIXUN YANJIU

新课程标准下教师角色与教师培训研究

著　者	张　燕　冯晓庆
责任编辑	杨　爽
装帧设计	沈加坤

出　　版	吉林出版集团股份有限公司
发　　行	吉林出版集团社科图书有限公司
地　　址	吉林省长春市南关区福祉大路5788号　邮编：130118
印　　刷	北京亚吉飞数码科技有限公司
电　　话	0431-81629711（总编办）
抖 音 号	吉林出版集团社科图书有限公司　37009026326

开　　本	710 mm×1000 mm　1/16
印　　张	13.75
字　　数	218千字
版　　次	2025年1月第1版
印　　次	2025年1月第1次印刷

书　　号	ISBN 978-7-5731-5275-6
定　　价	76.00元

如有印装质量问题，请与市场营销中心联系调换。0431-81629729

前 言

　　21世纪是知识经济时代，也是信息化时代。在当前时代大背景下，我国基础教育改革正在持续进行，新课程基本理念给教师原有的工作带来很大的冲击和挑战。在这种情况下，一些教师面对教学工作中出现的新情况与新问题时有些迷茫，不知道如何处理。新时代的人才观、教育观要求教师尽快转型，重新做好角色定位，提升自己的专业能力。教师角色与培训研究涉及的领域有很多，如教育学、社会学、心理学、教育技术学，等等，因此，在开展研究时面临很大的挑战。在研究过程中，本书以当前的新课程理念为出发点，对教师角色、教师培训、教师培训管理进行重点研究。

　　本书共七章。第一章为绪论，主要研究新课程的基本理念、新课程对教师提出的挑战，以及新课程建设的决定因素。第二章为新课程标准下教师的角色转变，包括角色理论研究、教师的角色意识、新课程标准对教师角色的影响、新课程标准下教师角色的定位和核心原则。第三章为新课程标准下教师的专业发展，涉及教师专业发展的基本理论、内涵、教师的专业素养。第四章为教师培训概述，从教师培训的内涵、理论基础、存在的问题及原因分析几个方面进行探讨。第五章为教师培训课程的开发及培训模式的选择。第六章为校本教师培训的开展，包括校本教师培训的内涵、类型与科学体系、培训模式等。第七章为教师培训的管理研究，包括建立高效的教师培训管理机制、教师培训项目的管理、重视教师培训管理者素质和能力的培养三个方面。

　　近年来，涌现了大量关于新课程改革和教师培训的著作，形成了"百家争鸣""百花齐放"的局面。本书在写作过程中力求达到以下几个特点：

　　第一，实践性。本书根据当前中小学教师培训的实践，总结教师培训的经验和教训，以为中小学教师提供指导、启发为宗旨，语言通俗易懂。

第二，针对性。要想对中小学教师有所帮助，就需要从理论和实践两个方面入手，本书以科学的理论为指导，针对具体问题进行具体分析，供教师和培训管理者借鉴。

本书在写作过程中得到了很多人的帮助。是众多的朋友，给了我信心；是家人，给了我一个良好的写作环境；是各位领导和专家，给了我思想上的引领。一些专家、学者和同行的相关著作大大开阔了我的视野，让我的专业认识和水平得到了飞速的提升。在本书中，参考了众多专家学者的研究成果，在此表示诚挚的感谢！

全书由张燕,、冯晓庆撰写，具体分工如下：

第一章至第三章、第六章，共计12.28万字：张燕（大庆师范学院）；

第四章、第五章、第七章，共计8.12万字：冯晓庆（大庆师范学院）。

希望本书的出版可以为教师培训工作以及同行提供一些帮助，在以后的工作实践中，我会不断进行研究，不断完善，也不断提升自己。由于时间和精力的限制，书中难免有不当之处，敬请同行专家、学者和广大读者批评指正。

作　者
2024年2月

目 录

第一章　绪　论……………………………………………………… 1
　第一节　新课程的基本理念………………………………………… 2
　第二节　新课程对教师提出的挑战………………………………… 13
　第三节　新课程建设的决定因素…………………………………… 22

第二章　新课程标准下教师的角色转变 …………………………… 30
　第一节　角色理论研究……………………………………………… 31
　第二节　教师的角色意识…………………………………………… 37
　第三节　新课程标准对教师角色的影响…………………………… 44
　第四节　新课程标准下教师角色的定位…………………………… 49
　第五节　新课程标准下教师角色的核心原则……………………… 55

第三章　新课程标准下教师的专业发展…………………………… 62
　第一节　教师专业发展的基本理论………………………………… 63
　第二节　教师专业发展的内涵……………………………………… 71
　第三节　新课程标准下教师的专业素养…………………………… 82

第四章　教师培训概述……………………………………………… 92
　第一节　教师培训的内涵…………………………………………… 93
　第二节　我国教师培训的理论基础………………………………… 103
　第三节　我国教师培训存在的问题及原因分析…………………… 112

第五章　教师培训课程的开发及培训模式的选择……………119
第一节　新课程标准下教师培训课程的开发……………120
第二节　新课程标准下教师培训模式的选择……………136

第六章　校本教师培训的开展………………………………147
第一节　校本教师培训的内涵……………………………148
第二节　校本教师培训的类型与科学体系研究…………153
第三节　校本教师培训模式研究…………………………164

第七章　教师培训的管理研究………………………………180
第一节　建立高效的教师培训管理机制…………………181
第二节　教师培训项目的管理……………………………186
第三节　重视教师培训管理者素质和能力的培养………194

参考文献………………………………………………………207

第一章

绪 论

改革开放以来，我国教育事业取得了长足的发展，不仅在基础教育阶段取得了辉煌的成就，在基础教育课程建设方面也取得了显著的成绩。但是，时代在发展，我国原有的基础教育课程已经不能完全适应时代发展的需要，亟需进行调整和革新。为了培养适应新时代要求的人才、构建符合素质教育要求的新的基础教育课程体系，教育部颁发了《基础教育课程改革纲要(试行)》，在全国范围内深入开展新一期、新一轮的基础教育课程改革，对基础教育的课程体系、结构、内容等方面进行调整和改革。

第一节　新课程的基本理念

新课程在课程的目标定位、结构、标准、评价和管理等方面进行了重大的革新，充分展现出全新的教育观念。

一、新课程的目标定位

新课程改革的核心理念是促进学生的发展，争取让所有的学生都获得全面发展——培养学生良好的道德品质，使学生具有爱国主义精神和集体主义精神，成为一个具有社会主义民主法治意识，遵守国家法律和社会公德，具有社会责任感和正确三观的人；培养学生的智力技能，使学生具备能够适应终身学习的基础知识、基本技能和方法，初步具备创新精神、实践能力、科学素养和人文素养以及环境意识；锻炼学生的体魄，使学生具有健壮的身体和良好的心理素质；提高学生的审美能力，让学生养成健康的审美情趣；锻炼学生的劳动能力，培养学生的劳动热情，让学生甘于、乐于当一个为人民服务、为社会服务的人。

由于新课程改革以学生全面发展为课程价值取向，学校课程目标定位发生了深刻的变革：选择终身学习所需的基础内容，加强课程与社会进步、科技发展、学生体验的联系，开阔视野，引导创新实践；适应社会多样化需求和学生全面个性化发展，构建基础、多元化、层次化、综合化的课程结构；营造有利于引导学生主动学习的课程实施环境；提高学生独立学习、协作沟通、分析和解决问题的能力。

（一）新课程改革以学生为本，着眼于学生的全面发展

新课程倡导全人教育，注重课程目标的完整性，强调学生的全面发展。新课程克服了传统课程过分注重知识传承和技能训练的倾向性，纠

正了传统课程过于强调知识的传授而忽视培养学生的学习态度、学习习惯、学习能力以及全面素质等不足，强调课程要促进每个学生的身心健康发展，培养学生的良好品德、终身学习能力，使学生能够更好地处理知识、能力、态度、情感以及价值观之间的关系。

（二）新课程注重发展学生的个性

传统课程教学过于注重知识的灌输，过分关注知识的系统性和完整性，为了学习的规模效应忽视甚至压抑了学生的个体发展，忽略了学生发展的具体性和差异性。新课程旨在促进学生的个性发展，强调教育要尊重学生的独特性和具体性，关注学生的情感体验，注重学生思想品德和健全人格的发展，承认学生的差异性、独立性和可塑性，将学生视为有潜力的、能够发展改变的、具备独立个性的人。

（三）新课程具有体现新时代精神的课程价值观

新课程的基本价值取向是为了每个学生的发展。为了实现这一基本价值取向，要求课程体系必须改变目标单一、过程僵化机械的培养模式，改变课程过分注重知识传递的倾向，强调主动学习态度的形成，使学生在获取基础知识和基础技能的过程中掌握学习技能、形成正确价值观，提高自身的基本素质。在学习过程中，让每个学生的个性得到充分的发展和张扬，从而形成健全的人格。

二、新课程的结构调整

课程结构调整是课程改革的一项重要而关键的任务，课程改革的指导思想和预期目标均是通过课程结构的调整来体现的。

自中华人民共和国成立到20世纪80年代末期，我国中小学的课程结构基本上由传统的学科课程组成。从多年来我国中小学课程结构实施的实际效果来看，传统的课程结构设置能够将人类发展千百年来积累的经验、知识、文化遗产等系统地传播下去，让学生在较短时间内获得必要的基础知识，掌握基本技能，具备一定的认知能力，形成一定的思想观念，为学生的德、智、体发展奠定一定的基础。

但是，现行的课程结构存在着明显的缺陷：偏重学科课程，只注重传递知识，很少考虑甚至忽视学生的需求、兴趣以及不同学生之间发展的差异；忽视经验课程，只能提供给学生很少的实操、实践机会，使学生很难从中获得直接经验；偏重考试课程，只向学生传授事先编好的各科教材资料，每个学科都有着现成的结论和答案，很难为学生提供学科以外的综合信息及当代最新最前沿的知识；课程中各具体科目间的比重失衡，语数外三科所占比例过高；学生主要采取接受式、灌输式的学习方式，难以培养学生独立获取信息的能力、独立思考能力、实操动手能力和创新能力。

由于存在这些缺陷，传统的学科课程不能完全适应社会主义现代化建设对提高中小学生基本素质的客观要求，面临着严峻的挑战。

学校课程对学生培养所起到的作用，不是某一学科的结果，也不是各学科的作用进行机械相加的结果，而是各个学科之间相互联系、相互配合、共同作用下产生的结果。所以，需要对课程结构进行整体优化。

课程结构是一个整体、一个系统，除组成部分（各门学科）外，还包括各部分相互之间的联系（或关系）所组成的有机整体。可见，各学科之间的相互关系，即学科课程的横向联系是优化课程结构中需要解决的关键问题。所以，针对我国基础教育课程结构存在的问题，结合新时代教育发展需承担的新任务、新要求，21世纪基础教育课程改革方案首先明确了课程结构的综合性、平衡性和选择性原则。

（一）课程结构的综合性原则

课程结构的综合性原则是针对科目过多、缺乏整合而提出的，要求将原有学校课程中的分科课程按照其内在逻辑和价值层次进行整合，通过开发、设置和实施各类综合课程的方式来实现学校课程的综合化、学科领域的综合化。

根据这一原则，在构建基础教育课程结构的过程中，综合课程和专业课程在学校课程体系中的比重会随着年级的提升而发生变化。在低年级，学校课程应该以综合课程为主，而在高年级，学科课程应该以专业课程、分科课程为主。

在课程结构的内容方面，整体设置九年一贯制的义务教育课程。小学阶段以综合课程为主，小学低年级阶段开设品德与生活、语文、数学、体育、艺术等课程；小学高年级阶段则在低年级开设的课程科目的基础上，增设科学、外语、综合实践活动等课程。初中阶段将分科课程与综合课程相结合，设置包括思想品德、语文、数学、外语、科学、历史与社会、体育与健康以及综合实践活动等课程。

在高中阶段，则以分科课程为主，在开展必修课的同时设置丰富的选修课程，满足兴趣不同、水平不同的学生的需求。

（二）课程结构的均衡性原则

课程结构的均衡性是指学校课程体系中的各种课程类型、具体学科和课程内容能够保持适当合理的比例，而定义该比例的适当性和合理性的指标，是其与既定课程目标的吻合程度，是其是否有助于培养学生的综合素质、助力学生全面发展。

均衡性原则要求新的基础教育课程体系应包括与现实社会生活和学生自身生活密切相关的各类课程和多种学科，并使其保持恰当的比例。

长期以来，语文、数学等传统优势学科在我国基础教育课程中占有较大比重，造成学校课程体系学科结构失衡。为此，新课程计划将语文所占的比重从原来的24%（1992年）降到20%—22%，数学所占的比例也从原来的16%（1992年）降到13%—15%，并对其他传统优势学科的比例进行适当的降低。

（三）课程结构的选择性原则

课程结构的选择性是指，学校课程应提供具有足够的灵活性，能够适应当地社会发展需要的、突出学校办学宗旨和方向的、特色鲜明的课程，以适应学生的个性发展。

这一原则具体表现在，在新的基础教育课程体系中应加强地方和校本课程的开发、设置和实施，适当降低国家课程在学校课程体系中所占的比重，鼓励开发地方课程和校本课程，使学校课程真正从标准化、划一化走向灵活化、弹性化，让地方和学校获得更大的办学自主权，激发地方和学校开发、实施新课程的主动性，实现学校课程的多元化，让学生有更多自主发展的权利和机会。

新课程
标准下教师角色与教师培训研究

目前，我国在课程计划方面，将语文、数学以及其他传统优势学科所占的比重下调，将调整后的课时分配给综合实践活动课、地方和校本课程。这样的调整有利于锻炼学生的实践能力，培养学生的创新能力、知识获取能力、分析与解决问题能力、沟通合作能力等。

学校课程体系中对课程结构的调整体现了我国基础教育课程改革的基本思路，即注重培养学生主动获取收集分析新信息的能力、处理和解决问题的能力、沟通协作的能力、创新能力，培养学生对自然环境和人类社会的责任感和使命感，鼓励其成为适应时代发展需要的人才。

三、新课程的教学策略

（一）强调教学与课程相结合，突出教学改革对课程建设的积极作用

新课程改革首先要处理好教学与课程的关系。想要处理好这一关系，必须认识到课程是矛盾的主要方面。其中，课程观是主导因素，课程观决定着教学观，对新课程改革的深度和广度有着重要的影响。

倘若仅仅把课程简单理解为官方的课程文件（或是所谓的机构课程），那么课程和教学就会被割裂成两个彼此独立、彼此分离的领域。但实际上，教学和课程是有机结合的整体，共同决定了学校教育的质量。

在传统的课程教学概念系统中，课程是指所有科目（教学科目）的总和以及学生在教师指导下的各种活动的总和，是一门学科或一类活动，是在教学过程之前和教学情境之外预先确定下来的教学方向或目标；教学过程是遵循课程进行有效传授的过程。课程成为一种指导和规范，教学是被课程控制和支配的，课程与教学二者间的相关性是机械的、单向的、线性的。

传统课程将课程内容与课程过程分开，片面强调课程内容的方式，导致在课程实施过程中（即教学过程中），学生只能被动地接受知识和信息，靠机械地死记硬背或反复训练进行学习。但是这种教学方式并不适用于那些与社会实践密切相关的、要求学生探索实践或实验的课程。按照如此教学方式教授出来的学生，虽然善于记忆和背诵，但缺乏思考和联想能力，缺乏创新和实践的能力。与此同时，如此割裂课程与教学

的课程观会导致课程不断走向孤立、封闭甚至是萎缩，让教学变得僵硬、机械、枯燥，无法充分发挥师生的活力和主体性。

新课程在课程设置和教学方面进行了变革，将课程由"文本课程"转变为"体验课程"，教学不再是教师死板地按照教案、教学计划执行的过程，变成了课程内容的生成和提升过程。

在新课程中，教师和学生成为课程的有机组成部分，共同参与课程的开发。教学不仅是传授和实施课程的过程，也是创造和开发课程的过程。如此一来，课程与教学有机地转化、促进、融合，课程变成动态的、不断发展的，成为促进教学深入的"跳板"，而不是"枷锁"或"控制者"。

（二）教学过程是师生交流、共同发展的过程

教师和学生都是教学过程的主体，都是具有独立人格、价值观的人，二者都具有交流的主观能动性，在人格上是完全平等的。但在传统教学过程中，普遍存在以教师为中心和管理主义的倾向，严重剥夺了学生的自主权，甚至可能存在破坏学生自信心、自尊心的现象。

在传统教学中，教师的任务是教，学生的任务是学，教学是单向地向学生传授知识的过程，具体表现为：一切以课堂教学为中心，学习围绕教学展开。教师是课堂的控制者，处于绝对权威的地位。师生教学关系被简单化为：教师教，学生学；教师说，学生听；教师问，学生答；教师写，学生抄。在这样的课堂中，"双边活动"变成了"单边活动"，忽视了沟通的基本属性是互动和互惠，使学生的主体性和积极性受到打击，甚至会导致学生对教师产生反感和抵制，使师生关系处于冲突与对抗中。

教学不是教师教学和学生学习的机械加法。就教学而言，交流意味着对话、参与，它不仅仅是一个认知的过程，更是师生之间平等的精神交流的过程；对学生而言，交流意味着思想的开放、主体性的突出、个性的展现和创造性的释放；对于教师而言，交流意味着上课不再只是单纯地传授知识，而是学生与教师一起共同分享、思考、彼此交流的过程，课堂也不只是单向的活动，更是师生专业成长和自我实现的过程。

综上所述，建立以师生互动为基础的互动互惠的教学关系，是新课程改革的一项重要任务。新课程强调师生之间和学生之间的动态信息交

流，通过教与学的交流与互动，实现师生互动，把教师从传统的知识传授者变成学生发展的促进者。在师生之间相互交流、相互影响、相互补充的过程中，教师与学生实现共享、共识、共同进步，如此才是真正的教学相长。教学过程是师生互动和不断发展的过程。教师是教学的主体，要尊重学生的个性，关注学生的个体差异，创造能够引导学生积极参与的教育情境，促进学生的积极发展；学生是学习的主体，任何人都不能替代学生本人进行学习，学生应充分发挥自我的主体性，积极主动学习。

（三）教学不仅要以学科为中心，更要以人为本

传统的教学任务是按学科进行的，往往更加关注学科知识的传授，强调学科的独立性和重要性，将学科教育置于"个人"教育、人文教育之上，以学科为中心，是一种"目中无人"的教学。具体表现为重认知轻情感，关心的是学生对知识的掌握程度，忽视学生在教与学过程中的情感体验、个人成长收获；重结论轻过程，只注重让学生记忆已有的科学结论，忽略了对结论的形成过程、形成原理的教学，使学生难以真正理解和掌握结论的内容；重教学轻教育，以学科为中心的教学将教学与育人完全分开，只重视知识的传递，在教学活动中忽视了学生的人格发展、情感需求，从根本上忽视了对人类生命存在和发展的整体关怀，使学生成为被动接受知识的人。

教育不应以僵化的形式作用于人，否则就会限制和制约人的自由发展。教育不应限制人，而应该引导人全面、自由、主动地发展和学习。新课程强调学科教学要立足人的发展，服务要服从于人的全面健康发展。教师必须对每个学生给予同等的关注，关注学生的情感生活和情感体验，关注学生的道德生活和人格发展，尊重、关怀、爱护每一个学生。

作为师生生活中重要的人生体验之一，课堂教学不仅仅是学习知识的过程，更是师生校园生活中有意义的一部分。学生不是课堂上配合教师的配角，而是具有主观能动性的人。学生是课堂教学中不可或缺的一部分，他们在参与课堂活动的过程中，也用自己的知识、经验、兴趣和灵感影响着课堂教学，使课堂教学呈现出丰富、多变的局面。

对于学生来说，课堂教学是他们学校生活中最基本的部分，其质量直接影响着学生当前和未来的发展和成长。学生学习的过程不仅是学习

知识的过程，也是不断养成良好的道德品质、丰富人生阅历、形成健全的人格、全面发展的过程；对于教师来说，课堂教学是他们职业生涯中最基本的部分，其质量直接影响教师的职业体验、态度和职业发展，以及人生价值的体现。在教师传授知识和学生学习知识的过程中，教师可以充分挖掘和发挥自己的引导作用，促进学生的道德发展。

（四）改变学习方式，提倡独立、合作、探究的学习方式

改变学生的学习方式已成为我国基础教育课程改革的重要目标之一。如今是知识爆炸的时代，一个人知识量的多少不是最重要的，掌握如何学习知识、获取信息的能力才是最重要的。因此，基础教育的任务不仅是传授知识，更重要的是让学生掌握学习方法，培养终身学习的愿望和能力。

传统教学模式下的中小学课堂中，基本上是以教师灌输知识、学生接受知识为主，学生的学习方式大多靠听课、背诵、运用教师所传授的知识，完全处于被动接受状态。教师负责向学生准确地解释知识和结论，学生只需专心听讲，在考场上将教师传授的知识准确地回答在考卷上就算完成学习任务。成为一个好学生的要求是认真听课，教师不断在课堂上提醒学生认真听讲，家长也嘱咐孩子上课要注意听讲。这种教学模式使学生的学习方法僵化、机械化，长期被动学习，让学生在社会中、在实际生活中难以适应新的学习需要。

新课程强调学生是学习的主体，鼓励学生自主确定学习目标、学习进度和评价目标，学会在学习中解决问题、在解决问题中学习。为了实现让学生掌握学习知识、获取能力的方法，使学生适应新时代的学习发展需要，新课程为不同层次的学生提供不同的学习方式，在保证传统的听课授课学习方式的同时，根据不同课程需要提出了自主学习、合作学习、探究学习等新的学习方式。

什么是自主学习？自主学习的动机应该是内在的或自我激励的，学习方法是有自我计划的，学生独立地、有规律地、有效地安排学习时间，对学习的物质和社会环境保持高度的敏感性和适应性，能够有效地掌握学习的结果，即自主学习。也就是说，如果学生能够确定自己的学习目标，制订自己的学习计划，并在学习活动前做好具体准备，在学习活动中能够对自己的学习进度、学习方法进行自我反馈和自我调节，并

能够在学习活动后对自己的学习成果进行自我检查、自我总结、自我评价、自我补充,那么该学生的学习就具有自主性。

合作学习是指学生小组间有明确的职责分工、以完成集体或团队中共同的学习任务为主的一种互助学习的方式,这种学习方式能够促进学生之间的有效沟通。

探究学习通过设置问题情境,让学生独立自主地发现问题,并通过调查、信息收集与处理、实验、操作、表达与交流等多重手段,让学生体验通过探究获得信息和知识的能力,掌握解决问题的方法。与传统的授课听讲模式相比,探究学习更具问题性、实用性、参与性和开放性,学生通过学习探究的过程能够获得个人能力的锻炼和深入的情感体验,更好地掌握建构知识、解决问题的方法。

改变原有的被动接受型的学习方式,建立充分调动和发挥学生学习主体性的学习方式,是本次课程改革的重点,也是教师转变教育方式的关键。在教学过程中,教师应通过讨论、研究、实验等多种形式,引导学生主动学习,使学生在教师的指导下主动学习、发扬个性。教师要营造能够引导学生积极参与、激发学生学习积极性、培养学生掌握和运用知识的态度和能力的教育环境,让每一个学生都能得到充分的发展。

四、新课程的评价体系

所谓课程评价,是指研究一门课程的某些方面或全部价值。根据"课程"一词的不同定义,课程评价的目标或重点有所不同,具体包括课程需求和学生需求、课程设计、教学过程、教学中教材的使用、学生成绩目标、学生在课程中的进步和教师效能、学习环境、课程政策、教材分配、教学成果等。

我国传统的课程评价体系存在着诸多问题。在评价内容上过于看重学生对学科知识的掌握,尤其是课本知识、规定考试的知识内容的掌握,忽视了对学生创新能力、实践能力、心理素质、身体素质、学习习惯等综合能力的评价;在评价标准上过于强调共性与一般趋势性,忽略了个体差异和个性化发展的价值;在评价方法上仍以考试成绩等量化结果为主。

新课程评价体系强调要形成正确的评价观念,建立多元化的评价项目和多种评价方式,课程评价功能要从选择、筛选转向激励、反馈和调整，充分发挥评价体系促进学生发展、教师能力提高、改进教学实践的功能，发挥其检查、诊断、指导、反馈、激励等多种评价功能；体现多元化、多维度的评价标准，构建以人为本、促进人的全面发展和人格发展的评价体系；评价主体由单一转向多重，包括教师、家长、学生自我评价等；评价方法强调过程与结果的统一，质与量的结合。

对学生进行评价的重点是建立全面发展的指标体系，从过分强调学生的成绩或表现转变为重视学生多方面的发展潜力，不仅关注学生的学习成绩，更注重发现和开发学生各方面的潜力。考试不是对学生的唯一评价，应与其他评价方式有机结合，关注学生的个体差异，运用灵活多样的评价方法，采用观察、访谈、调查、工作展示、项目活动报告等多元化的方式，关注学生现状、潜力和发展趋势，促进学生个性发展。

对教师进行评价的重点是打破以学生成绩决定教师工作成绩的"固定模式"，建立促进教师持续改进的评价指标体系，鼓励教师进行"自我评价"，促进教师教育教学反思能力的提高；建立一个体现多渠道信息反馈，学生、教师、家长和管理人员共同参与的教师评价体系。

对课程实施评价的重点是建立促进课程持续发展的评价体系，从教育行政部门、学校、教师等各方面不断评估课程实施情况和存在的问题，不断调整课程内容，改进教学管理，促进新课程的不断发展；建立从课程实施到学校质量、学校体制和管理、教学体系等方面促进学校发展的评价体系，打破传统的只关注教师行为而忽视学生参与学习过程的评价模式，建立发展性的课堂教学评价模式。

五、新课程的管理政策

调整我国现行基础教育课程管理政策是本轮课程改革体系工程的重要组成部分，也是本次课程改革的目标之一。

（一）改变课程管理过度集中的现象，构建"三级课程"的管理框架

新一轮基础教育课程改革尝试构建"三级课程"管理框架。国家、地方、学校承担不同的权利和责任，改变了以往过于集中的课程管理模式导致的每个学校授课学科科目基本相同、学校的每个教师的教案基本相似、每个学生使用的课本基本一样的情况，增强课程对地方、学校、

新课程
标准下教师角色与教师培训研究

学生工作的适应性，明确国家、地方、学校各自的权利和责任，提高课程的灵活性和多样性，打破国家级课程的集中化和统一化，让课程更好地服务于不同条件的地区。这不仅是教育改革的需要，也是教育服务经济社会发展的需要。基于我国区域发展不平衡的国情，基础教育要为地方经济社会发展服务。因此，国家、地方和学校的课程必然要进行有机结合。

国家课程作为国家意志的体现，是专为培育国家未来公民而精心设计的课程体系。这一体系基于公民接受教育后应达成的共同目标而构建，旨在确保教育的连贯性和高效性。针对不同教育阶段的特点与培养目标，国家课程制定了各领域或学科的课程标准与教学大纲，以确保教学内容的系统性和科学性。同时，教材的编写作为国家基础教育课程规划的核心环节，不仅是传授知识的重要工具，更是衡量一个国家基础教育质量的关键指标。

地方课程是省教育行政部门或其授权的教育部门根据地方政治、经济、文化、民族等发展需要，在国家规定的各教育阶段《课程计划》中制定的课程。

校本课程是一种供学生选择的多元化课程，其在国家课程和地方课程的具体实施基础上，通过深入评估本校学生的需求而开发。校本课程充分利用当地社区和本校的课程资源，以确保课程内容的丰富性与实用性。校本课程开发主要依据党的教育政策、国家或地方课程计划、学校教育理念、学生需求评估、学校课程资源等，强调以学校为基地（标准），与外部力量进行合作，充分利用校内外课程资源。校本课程也是国家课程计划中不可或缺的一部分，对满足学生个性发展的需要、发挥学校特色以及实现我国课程建设的民主化、科学化具有重要意义。

（二）开辟"自下而上"的课程管理通道

课程管理政策的变化必须有相应的管理方法。新课程倡导以"自上而下"为主导，"自下而上"为补充的课程管理模式。对于国家课程计划中规定的必修课，我们实施严格的管理，加大课程推广前的计划制订以及推广过程中的监督力度，这体现了自上而下的管理原则。然而，对于同一课程计划内的指导性课程，应适当放权，为地方、学校、教师创造更为宽松的环境，以便他们能够充分展现创造力，为学生提供更具个性化的课程，这是自下而上管理方式的体现。但是，不管是自上而下还是自下而上的课程管理渠道，都需要加强教材编写资格制度和教材审查制度的建设。

（三）在教材建设中采取"抓大放小"的原则

新一轮课程改革在教材建设中采取"抓大放小"的原则，制定具有一定开放性的课程计划框架，建立起"一标多本"的教材开发平台，将教材推向市场，鼓励各界有识之士参与教材的编写与建设。同时，为保证教材质量，国家制定了相应的教材编写资格制度和教材审查制度。

第二节 新课程对教师提出的挑战

课程改革是教育改革的核心，而教师则是课程改革的核心。新课程改革的实施，对教育理念、教学方法、知识结构等带来新的改变与要求，这些变化与要求对于教师来说无疑是新的挑战。

一、新课程带来教育观念上的挑战

许多教师在日常工作、教学中常常陷入经验式教学、程序化教学，很少主动更新自己，很少主动学习不一样的授课方式和方法，很少主动更新自己的观念。

（一）树立以学生为本的教育观念

随着新课程的逐步推进，教师应更新自己的教育观念，形成以学生为本的新观念。

学校要树立以人为本的教育目标，树立基础教育服务社会发展和学生终身发展的理念。学校应努力开发每个学生的潜能，助力学生养成健康的人格，培养学生形成终身学习的意识和能力，增强学生的责任感和参与意识，帮助学生树立正确的世界观、人生观、价值观。

以学生为本，对教师提出了更高标准的要求。教师需从单纯以学科为本位的"知识传授者"转变为学生学习过程中的杰出策划者、支持者和指导者。摒弃过度依赖题海战术和机械记忆的陈旧教学方法，转而引导学生从消极接受转变为主动探索，使学生能够自我驱动，规划个人成长路径。教学成果的评价不应局限于部分学生应试能力的提升，而应确保所有学生均能在知识、技能、态度和价值观等方面获得全面、均衡的发展与进步。

（二）树立活动教学观

长期以来，我国中小学教育始终秉持以传递知识为主导的教学理念。在此理念的影响下，课堂教学多依赖于教师的讲授，这在一定程度上忽视了学生的主体性以及活动教学对于其全面素质发展的重要性。然而，随着社会的迅速进步和知识经济的崛起，以及终身教育和学习型社会的到来，有必要对现有的教学体系进行全面的审视和反思。为了更有效地促进学生的全面发展，必须确立学生活动在教学中的核心地位，将活动教学融入学校教育体系，确保素质教育得以真正实施。这一变革将不可避免地引发传统教学过程的深刻转变，推动教育质量的全面提升。

1. 活动教学是以探究为中心，主体塑造和建构学习的过程

长期以来，我们习惯于将学生的职责界定为在教师的辅导下，学习和内化书本知识，认知活动的主要目的被视为知识的获取，而非发现新知识。尽管在教学过程中也会包含一些探索和发现的元素，但这些活动往往是在教师的严格指导下进行的，学生只是粗略地体验、经历科学家们过去发现真理的过程，目的在于使学生能够体验和领悟这一过程，而非鼓励学生自主进行探索、发现和思考。这导致了在我国的教学理论及实践中，对实践、发现和探究等活动对学生所产生的影响持轻视态度，否认了学生具备独立发现、探索和感知事物的能力。因此，学生在教学过程中往往处于消极被动的地位，难以真正确立他们在教学认知活动中的主体地位，这无疑打击了学生参与教学活动的积极性，最终阻碍了学生主动性的发挥，不利于他们的全面发展。

活动教学坚持一种观点，即学生的学习过程在某种程度上是对人类文明发展进程在认知层面上的"重构"。它是对人类发展历史中某些关键、必要的经历进行"重现"或"模拟体验"的过程，这种学习具有发现性和创新性。当学生在类似于科学家的探索中深入未知的领域，他们不仅能主动深化和完善该领域的知识体系，更能通过模拟和体验与人类认知发展紧密相关的社会历史活动获得直接的感知和体验。这种"重构"和"模拟体验"的过程不仅促进了学生认识的深化和发展，也显著提升了他们的认知能力。

因此，活动教学高度重视实践和探索发现在教学活动及认知过程中的地位。秉持活动教学观，我们坚信，唯有将学生置于自主探究与发现的实践中，方可激发他们的主动学习精神并促进其全面发展。在这一过程中，学生通过积极的体验和探索获得启示，发现知识的根源与内在联系。我们强调实践操作与外部实践、内部思维相结合的必要性，以此推动学生深入理解所学知识。

活动教学注重学生的探究与实践，通过活动真正凸显学生在教学过程中的主体地位，从而确保学生能够充分发挥主体作用。在活动中，学生始终是自觉、主动的行为主体，而非仅仅作为教师的追随者存在。他们能够依据自己的兴趣和意愿，自由地进行各种探索、操作和体验活动，这正是学习中主动探索的精髓所在。学生在活动中通过独立思考，深入理解知识的获取过程，体验知识价值的产生，进而主动构建自己的知识体系，而非机械地接受、记忆知识的结论。此外，活动教学的形式为每位学生参与学习提供了可能性，确保了教学的广泛性和有效性。

2. 活动教学是以活动为基础的，强调理性与非理性知识的关联统一

人的活动涵盖了理性与非理性两个层面，二者相辅相成。然而，传统教育教学活动主要将教学过程视为间接经验的获取过程，强调知识与经验的掌握，倾向于采用分析、呈现、解释等教学方法。在这一过程中，实践、发现、探究等活动往往被低估，学生的感性经验和直接经验积累被忽视。这种教育模式过于注重认知和理性层面，缺乏对学生非理性情感活动的关注。

传统教学模式侧重记忆、思维和认知能力的培养，过于关注理论知识的分析，忽视了对学生价值观和美学素养的引导。机械背诵使学生仅理解表面知识，无法深入理解事物之间的内在关联，这限制了学生的创

造性探究能力。另外，教育者未充分尊重学生的个性、情感和态度，导致学生缺乏人文精神，无法实现全面发展。

活动教学认为，人类的认知历程是一个由感性逐步迈向理性的过程，此过程不断逼近客体的本质反应。实践作为推动人类理解力发展的核心动力，要求学生必须经历必要的感性阶段，并在此过程中积累直接经验。唯有如此，学生方能进行深入的思考，有效地掌握知识，最终实现认识的理性飞跃，从而促进知识的结构化建构与思维的不断深化。因此，教学活动不仅是知识的传递过程，更是情感与认知相互交织、共同发展的过程。

在教学活动实施过程中，教师应确保给予学生充足的时间，以进行观察、探索与实践，从而有效积累直接经验并丰富感性知识。同时，基于已获取的感性知识，教师应进行系统的讲授，帮助学生概括与总结相关知识，引导他们实现从感性到抽象思维的转变，深化对知识的理解。无论是探索未知领域还是深化对已知知识的理解，学生都应秉持积极探索和发展的态度，不仅要洞察知识的起源，还要将不同知识点相互关联，发现其内在联系，以促进认知的深化和发展。

简言之，直接经验与间接经验应相辅相成。学生应利用直接经验深化对间接经验的理解，并通过间接经验拓宽和深化直接经验。单靠直接经验难以培养系统理解能力，而仅依赖教师传授的间接知识对中小学生而言也难以深入理解和运用。对于生活经验不足的学生，直接经验和感性认知尤为重要，因此应重视探索活动来增进对事物的认识。例如，在科学活动中，通过发现和探究培养直觉和想象力，实现知识的积累与理性推理。

3. 活动教学过程是基于学生真实生活的教育过程

经过深入观察与分析不难发现，无论是学生还是成人，均会从其周遭环境中汲取宝贵的经验与教训，进而实现自我教育与成长。可以说，学生的生活经历正是他们接受教育的起点，教育是学生生活中不可或缺的一部分。因此，学生的生活本身及其所经历的种种，为我们实施教育提供了坚实的基础。鉴于此，教育工作者应对学生的生活给予充分的关注，并巧妙地加以运用，以促进教育的有效性与深入性。

一方面，教师在关注学习内容与学习者个人生活经历的联系时，需要考虑知识的逻辑性、系统性，考虑如何将课题的学习研究与学生的生活和经历联系起来、如何进行授课才能更符合学生现有的经验储备、心理需求，调动起学生已有的经验、意愿和创造力，让学生真正地把知识与他们的生活实践和经历联系起来，使抽象的知识被激活并融入学生的体验中，让学生真正地理解并掌握知识。

另一方面，务必关注教学与学生实际生活的紧密关联。若教学内容脱离学生的现实生活，学生将难以产生实际感受，进而丧失学习的动力。因此，教师必须摒弃课堂仅限于教室、学习资源仅限于书本的传统观念。相反，教师应从学生所熟悉的现实生活及其关注的相关议题出发，寻找知识的切入点。通过引入丰富多样的生活体验，为课程和课堂注入新的活力，使书本中的知识更加贴近学生的真实世界。我们强调"知识回归生活"，让知识源自生活，又应用于生活，避免知识零散孤立地与生活脱节。这样，学生将意识到生活中的方方面面都蕴含着丰富的知识，处处都闪耀着智慧的火花。

总之，我们应让生活融入课堂，让课堂融入生活，鼓励学生走出课堂，拓宽学习的视野。教学不应局限于教室内，而应走向课外、户外，让生活中的每一个时间和空间都成为学习的课堂。

只有确保活动的教育价值得到广泛认可与充分重视，学生作为学习与发展的核心角色，其主体性地位才能得到应有的凸显。唯有如此，学生主体性的发展与素质教育的核心理念和价值追求才能得以真正落实。活动教学能够通过构建有效的课堂教学环境，使学生成为主体学习的积极参与者，充分发挥其主体作用。这种方式不仅能够焕发课堂教学的活力，推动传统课堂教学模式的改革，而且能够将素质教育的目标切实落到实处，为学生的全面发展提供有力支持。

(三)树立新型的教学观

教师不应只是将学生视为接受知识的对象，而应将其视为知识的积极构建者，具有无限的创造潜力，拥有自己独特的力量。如果教师对待学生的观念发生了变化，那么就不能再用老一套的、单向对学生进行信息传递、"灌输知识"的方式来教育学生了。

教师应该意识到学生的自主性和差异性，重视学生主体性，采用个性化和探索性的教育方法，引导学生根据自己的经验进行学习和摸索。

二、新课程带来教学情境上的挑战

新课程的实施将导致新的课程因素的出现，改变以往强调教材的单一因素，转为强调教师、学生、内容、环境四要素的整合，让课程成为一个动态的、不断增长的"生态环境"，成为四个因素之间不断活动的动态过程。这种生态模式强调课程中教师、学生、内容和环境元素之间存在互惠互利的沟通关系。

（一）新的课程结构

1. 综合性

针对当前教育领域中过度偏重学科本位的问题，新课程设计理念致力于实现课程结构的综合化。这种变革不再让各学科孤立存在，而是寻求它们之间的有机联系与整合。这一改革思路的提出，是基于对基础教育独特功能的深入认识，对现代社会所需人才素质的精准把握，以及对儿童认知规律的尊重。同时，新课程也积极探索课程结构在国家层面的实施路径，以期实现课程综合化的总体趋势，进而推动教育质量的全面提升。

课程结构的"综合性"主要体现在综合课程的设置上，就一门学科而言，课程结构的综合性要求其注重学科与实践相结合；就多学科而言，课程结构的综合性要求各学科相辅相成、相互联系、相互渗透。

2. 选择性

新课程强调课程结构的选择性，通过适当地增减课程，满足地方、学校和学生发展的多样化需求。

课程结构的"选择性"旨在应对地方、学校和学生之间客观存在的差异性。这些差异不容忽视，且难以在短期内消除。课程结构的"选择性"既涉及地方各级教育主管部门、学校（包括校长和教师）、学生如何做出课程选择，也涉及教育能为当地人、学校和学生提供多少可选课程。

3. 均衡性

课程结构的均衡性是基于全面发展理论和素质教育精神提出的，其核心理念在于培养德、智、体全面、和谐、均衡发展的学生。换言之，我们需要培养的是"完整的人"，而不是只培养人的某一方面特长（比如智力或体力等）。因此，在课程结构上，在考虑课程连续性的同时还要考虑课程的均衡性。

具体表现为：学生在校接受教育的每个学习领域或学科的规划与设计，均应遵循全面且均衡的原则，基于不同教育阶段所设定的培养目标，有针对性地设置学科科目，明确区分核心科目、基础科目以及兴趣科目（选修科目）；对于各学习领域或学科与活动之间的课时安排，应在确保均衡性的基础上进行，既要避免顾此失彼，又非简单地进行平均分配，而应依据学科在学生学习过程中的重要性，以科学的方式调整课时分配；具体到学科课程内容的选择，同样需要体现均衡性原则，在教学内容大纲的编制过程中，教学组需审慎地进行教材内容的取舍与选择，对于应教授的内容、教学深度，以及各单元知识在整个学科体系中的比例分配等问题，都需要经过均衡性的细致考量。

(二) 新教材的挑战

基础教育课程在过去具有显著的确定性，这主要体现在统一的内容、教材、考试、教学参数和标准上，确保了全国同年级同学科的一致性。这种机械式的教学活动依赖于内容的精确性。因此，教师往往过度依赖课本和参考书，从而限制了其独立性和创造性的发挥。这种依赖性甚至发展成了一种惯性，使一些教师在没有教学参考和辅助材料的情况下几乎无法进行教学工作。

在新课程中，教学的不确定性有所增加。教学的多样性和可变性要求教师成为决策者而不是执行者。在这种环境下，教师有更多的空间去创造新的形式、新的内容。教师需要营造独特的课堂氛围和学习环境，自主设计教学活动，通过教学表达自己的教育理念。

（三）新课程环境的挑战

在传统的教学过程中，教师以课堂教学为主，学生被动接受知识、被动学习。新课程要求建立师生互动的教学关系，构建新的教学模式，创造充满活力的课程环境。

在新课程实施过程中，传统的"教师教与学生学"的模式将逐渐被"师生相互教与学"的模式所取代，以此构建真正的"学习共同体"。在这个过程中，教学不再仅仅是执行预先设计的课程计划，而是转变为师生共同参与、共同开发和丰富课程内容的动态过程。这样的课程将充满发展性和创新性，不断激发师生的创造潜能。

这是新课程环境带来的挑战，要想适应这种新的变化，教师必然要抛弃以往一成不变的教学方法，创造出更加适应新课程的教学方式。如果不尽快适应这种变化，教师将难以承担课程改革的任务。

三、对教师知识储备的挑战

在传统教学中，教师教授的科目一旦确定，几年甚至几十年都不会改变。长此以往，教师已经习惯了固定的科目，不再涉足其他科目的知识，教数学的教师鲜少接触物理，忽视了物理知识与数学知识间存在的联系；教授科学、化学、生物、计算机等偏向于理科科目的教师不再关心历史、地理、政治等文科科目相关的知识点……随着时间的推移，大部分教师都存在知识遗忘的现象，只专注于自己需要教学的内容，但是对于自己不教授的科目、不相关的内容了解甚少，教师学术素养偏低，无法在新一轮基础教育课程改革中充分发挥教师应有的作用。

新课程的课程结构体现了综合性、均衡性和选择性的特点。由于课程内容和课题研究涉及多学科的知识，这就要求教师完善自己的知识结构，有更广阔的教学视野。除了专业知识，教师还必须涉足相关学科、科学、艺术等领域，掌握丰富的知识，更好地对学生进行教导。

新课程提倡学生自主探究的学习方式，对教师的知识储备提出了新挑战。因为在探究学习的过程中，学生选择研究的课题类型广泛，涉及方方面面。学生可能会脱离教师规定的选题范围，选择教师不了解、不熟悉的领域；学生在探究学习过程中还会出现各种问题，这些问题有可能是教师意想不到的，倘若知识储备不够丰富就不知该如何处理；学生探究的结论可能有很多种，倘若教师对该领域不够熟悉就可能会存在解释不清楚的现象。

总而言之，在研究型学习中，教师需要有更丰富的知识储备，这样才能很好地进入导师的角色，指导学生的研究，帮助学生研究课题。教师单一的知识结构不仅限制了自己，也限制了学生创造力的培养。

如今是信息爆炸式增长的时代，每门学科涵盖的内容变得越来越丰富，高度体现了学科的交叉与融合。因此，迫切需要教师储备丰富的知识，提高领导能力和教育教学能力。传统的教师只需要了解一门学科的基本知识就可以胜任教育工作的情况已经成为过去，在新课程逐步实施的背景下，"一桶水"的教师满足不了学生自身发展的需要。这就迫使教师拓宽知识领域，提高自身学习、研究和实践能力，提高综合素质，真正成为学生学习过程的指导者。

四、新学习方式带来的挑战

传统的中小学课堂上，课堂教学模式基本是教师负责将知识传递甚至灌输给学生，学生基本采用听课、背诵、练习、复现教师传授的知识等方式进行学习。教师重点关注的是如何准确、清晰地向学生解释知识结论，让学生理解知识，在考试中考取高分，而不是对学生学习能力的培养；学生的重点任务则在于专心听课，认真记笔记，合乎学校对"好学生"的要求。因此，在传统的课堂教学中，教师的口头禅之一便是"认真听讲"，要求学生专注于教师授课内容，不要走神、开小差。在讲到重点、难点的时候，大多数教师还会有意识地通过提高音量、拍黑板、拍讲台等方式聚焦学生涣散的注意力，让学生认真听课。

这种教学模式虽然能让学生掌握足够多的知识，但是也使学生的学习方法僵化、机械化。部分学生靠着死记硬背、题海战术，虽然能够成功地完成学业，获得毕业证书，但是没能掌握好自主学习的方式，欠缺相应的学习能力。当他们进入大学或工作时，学习能力的缺失会让他们感到被动，甚至难以适应新环境。

新课程要求学生转变学习方式，提倡自主学习、合作学习、探究学习。这就要求教师必须改变传统的教学观念，改变原有单一、被动的教学方式，改变自己的教学习惯，在教学实践中不断探索和总结，逐步建立新的教学观念，形成充分发挥学生主体性的多元化教学方式，促进学生在教师指导下主动学习、个性化学习。

随着学生学习方式的改变，教师也应重新建立适合自己、适应新课程需求的教学方法。当教师专注于知识传递工作时，按照常规教学方式，他会先根据教材将知识和技能进行科学地拆解，从部分到整体有条理地呈现给学生，让学生通过听课、背诵、写练习题等方式，掌握教师所讲授的知识，在考试中拿到相应分数。

在探索性课程中，情形则截然不同。教师在此扮演的角色是引导者，需要激励学生不断提出问题，进而引领他们将学习过程转化为一个持续的"提问—解答"的探索过程。此外，教师还需负责指导学生如何收集和利用学习资源，以及协助他们设计恰当的学习活动。针对不同的学习内容，教师可以灵活选择教学方式，既可以采用传统的讲授模式，也可以采用探索、模仿、体验等创新的学习方式，确保学生的学习体验既丰富又个性化，全面培养他们的学习能力。

总之，新课程对教师提出了许多新的挑战。教师只有不断进行学习研究、接受培训、提高能力，才能在实践中转变观念，增加知识储备，完善知识结构，提高教学能力和专业水平，更好地适应新课程的要求。

第三节　新课程建设的决定因素

课程改革是时代的呼唤，是我国教育发展的必然。当课程改革进入实质性实施阶段时，教师教学观念是否能跟上课程改革的变化、教师教学行为是否能适应新课改的需求，就成为课程改革进展和成败的关键因素。

课程与教师密不可分，构成了一个有机的整体。在新课程改革的过程中，我们需要充分考虑"技术因素"与"人的因素"这两个关键因素。只有当二者得到有机统一，新课程改革才能顺利推进。在新课程中，教师不仅仅是课程的执行者，更是课程的构建者和调适者，同时也是学生学习过程的组织者和引导者。在课程实施的过程中，教师还需要扮演问题协商者和解决者的角色，确保课程的顺利实施和学生的学习效果。

教师在课程改革中的作用是具有双重性的。教师有可能对课程改革起到积极推动作用，能够将决策者的意图和编织者的设计落实到具体行动中；也可能对课程改革起到消极作用，甚至阻碍课程的改革发展，致使整个课程改革的目标难以实现。

一、教师在课程设计中的作用

在课程改革中，教师的课程参与不再像传统意义上的课程参与一样，呈现局部的、被动的课程参与状态，而是形成教师全程、主动、批判、合作地介入课程开发、决策、实施、评价等全过程的一种活动。

我们将教师在课程决策、课程开发、课程资源选择和利用中的作用归类为教师在课程设计中的作用。课程的内部要素可以分为课程目标、课程内容和学习活动方法三个方面，它们构成了课程的内部结构。因此，从微观层面来看，课程设计包括课程目标设计、课程内容设计和学习活动方法设计。

在过去，只有课程研究人员、专家和管理人员有资格做出课程决策，教师几乎没有机会参与课程目标的制定、课程内容的选择以及课程实施的规划和评价，这意味着教师几乎无法参与课程设计。教师的作用被局限在课堂教学中，实施、教授行政决策好的课程内容，处于相对被动的学校文化中。

在这种课程设计模式下，虽然课程研究人员和决策者满怀对社会、教育和个人发展的理想，努力从社会需求、技术发展、教育学和心理学的角度看待问题，制定出具有前瞻性和预测性的课程决策，但无法发挥出课程决策最理想的威力。

根据调查，参与课程开发后的教师，都认为自己的教学能力有所提高，觉得自己能够比以前（即没参加课程开发前）教得更多、教得更好。在课堂教学中，他们可以更好地引导学生使用学习材料，进行小组学习。这也意味着，教师参与课程开发与实施该课程大纲之间存在正相关关系，教师参与课程开发可以使教师更好地实施该课程。

有研究者认为，如果学校的课程开发有一线教师参与其中，那么所开发出来的课程教材对其他教师来说可能更具吸引力。同时，如果课程开发、课程发展期间有教师的参与，那么该课程可能会更清晰也更容易被其他教师理解。

教师参与课程设计具有重要的意义。有人认为，对于课程标准，重点是选择和确定课程内容。选择和确定课程内容最重要的原则之一，就是要符合学生身心发展规律、符合学生的生活经验、符合学生的学习特点。违反这些原则的课程内容安排，无法取得良好的效果，甚至注定要失败。对于这些原则的贯彻和体现，一线教师是最有经验的，他们丰富的教学经验总结出来的意见往往也是最有说服力的。教师在利用教材提供的材料、内容来组织和完成教学任务，实现教学目标的过程中，能够了解到哪种教材的组织方法和形式更有效，更能达到良好的学习效果。

新课程的实施需要教师在教学观念、教学方式、教学内容、教学组织形式等方面进行相应的变革与调整。因此，在课程实施遇到的各种阻力中，其中一项关键阻力因素就是教师的惯性和惰性。有的教师，尤其是教学经验丰富的资深教师已经习惯并适应了一套课程，他们对"自上而下"的课程改革或多或少会产生一定的抵触，因为他们需要花费时间与精力再去重新适应新的课程环节、新的课程内容。所以，根据美国学者本尼斯对"自上而下"强制性变革与"自下而上"互动式变革利弊的分析，我们有理由认为，教师参与课程设计是保证新课程有效实施的前提和基础。教师应与课程专家一样享有一定的权利，共同参与课程改革，加入课程编制与设计的工作。教师作为权力持有者，有参与课程开发、改革和决策的权力，他们可以争取维护自己的教育立场，因此他们更愿意投身于课程改革中，因为课程改革对教师本身也有利。因此，有教师参与其中的课程改革虽然也会遇到各种困难，但源自教师的关键阻力会有所减少。因为它是一种从问题出发，解决教育实践问题的课程，是教师以课程实施者和课程计划者身份出现的课程。这种课程以教师在日常教育教学活动中发现的问题为背景，以解决这些问题为目的，因此更容易受到教师的欢迎和认可。此外，教师参与课程设计有利于教师形成"反思"的意识，提高"反思"的能力，有利于教师自觉更新教育观念，促进其能力的发展。

任何课程决策都必须由走在教学第一线的教师实践，让教师参与课程设计的目的是尽可能降低成本和损失，让课程研究者和教师相对满意，使课程改革能够尽可能取得成效。教师亲自参与课程设计，更容易理解课程改革的动机和需要解决的问题。

传统课程设计以学科发展为逻辑线索，重视抽象的、书面的课本知识，忽视了学生的兴趣生活、日常生活。在学习过程中，由于课堂内容过于抽象、脱离学生生活实际，学生对学习兴趣热情不高，难以集中注意力，受限于"要我学"的被动局面，难以产生"我要学"的主动局面。因此，教师在参与课程设计时应注意课程设计要贴近学生的生活、符合学生的实际。尤其当学生第一次接触相关课程时，应尽量提供最贴近学生生活实际的相关知识，让学生对课程有一个初步的认知。有了初步的了解，才能吸引学生后续进行更深入的学习。

　　中小学课程设计将学生固定在"科学世界"，缺乏对学生"生活世界"的关怀，难以体现生命的全部意义和价值，出现学生越学习越不快乐的教育弊端。为改变这种状况，我国现行的中小学课程设计应从理性生活、道德生活、审美生活三个方面重构学生的精神生活，注重认知、体验和感悟的统一，将科学世界与生活世界相结合，通过课程设计真正赋予学生生活的意义和人生价值，培养学生成为学习活动的主体、个体生活的主体和社会活动的主体。

　　课程设计包括课程目标设计、课程内容设计和学习活动方法设计。课程设计要贴近学生的生活，课程目标的设计要着眼于构建学生可能的生活，挖掘学生的发展潜力；课程内容的设计不仅要关注"科学世界"，也要关注生活世界，让知识回归生活，让生活充满知识的智慧；课程学习活动的设计应强调学生的体验和感悟。

　　过去的课程设计采用"自上而下"的目标实现式课程，教师只需要根据既定的教材，按照教学要求、遵循教学进度进行授课。这种操作虽然增强了课程的可操作性、规范性和科学性，但牺牲了教育生活和教育场景的丰富性和可变性，因此存在很大的不足。

　　新课程认为，教师和学生是共同构建、共同参与教学活动的，这样的课程模式是开放式的，并随着两个教育活动主体（教师和学生）的互动交流过程不断展开、调整，不断发现和探索新的活动内容和课程形式。课程目标由教师和学生共同制定，应随着教育活动的具体情况而变化，因此课程目标具有动态性。新课程改革对课程设计持开放的观点，提倡发展"校本课程"，提出不同学校可以根据地域文化、社会生活、民俗风俗的差异设置不同的课程模式。

二、教师在课程实施中的作用

课程实施在课程改革中占有重要地位。无论课程设计得多么好，如果无法落实到具体的实施层面，就是"纸上谈兵""空中楼阁"，难有任何实际的收获。课程实施是指教师实施课程改革计划或新课程的过程，新的课程计划通常包含对原有课程的改革。课程实施就是在实践中尝试实现这种改变，或者将这种改变引入实践。

课程实施不同于教学。从目前的课程理论文献来看，关于课程实施的讨论基本上可以分为两类：一类将课程实施定义为变革，这种观点在那些学校能够自主确定课程的国家比较流行；另一种是将课程实施定义为教学，这种观点在主要由教育行政部门制订课程计划的国家更为普遍。在我国，将课程实施定义为教学的做法更为普遍。

但是细究起来，课程实施与教学是两个不同的概念，分属不同的研究领域，只是二者在内涵上有颇多重叠。课程实施与教学的区别主要表现在以下两个方面：

首先，课程实施所涵盖的内容相较于教学而言更为广泛且深入。它是一个综合性任务，不仅包括教学过程中的具体互动行为，还涵盖教育管理体制的深刻变革、课程知识的不断更新、教学环节的精细调整，以及校长和教师角色的转变、学生角色的重塑，乃至社区文化环境的相应变化等多个层面。可以说，课程实施是推动整个教育体系变革的核心动力，同时也牵动着支撑教育体系的社会体系的相应调整。相对而言，教学虽然重要，但主要聚焦于师生在课堂上的互动行为，其涵盖范围明显小于课程实施。

其次，课程实施与教学分别属于不同的学术研究范畴，二者在研究重心上存在差异。课程实施研究主要聚焦于课程改革计划的执行程度、影响课程实施效果的因素、课程改革计划与实际情况的协调机制以及师生在课程实施过程中的创造性活动等方面。相对而言，教学研究则着重探讨教师的教学行为、学生的学习行为以及二者之间的互动机制。

（一）教师参与课程实施的意义

教师积极参与课程实施，对于及时发现并解决实施过程中的问题，以及有效指导课程实践至关重要。课程设计的初衷在于优化学生的学习状况，全面并最大限度地促进学生的发展。针对"课程改革方案如何具体地影响和塑造学生的发展"这一关键问题，需要建立一套科学的衡量标准和评价体系，用以量化和界定课程实施的具体过程及其实施效果。这将使我们能够更深入地了解课程实施的真实面貌，包括其实施水平、覆盖范围、实际效益以及影响因素等。在此基础上，才能更准确地发现课程实施中存在的真实问题，为进一步优化课程设计提供有力支撑。

研究表明，大部分课程改革方案在实施后并不像方案设计者预期的那样理想。一项课程改革方案通过后，教师在实际执行方案的过程中并不会完全地、死板地按照研究者设想的执行方式、执行步骤、执行操作走，而是会根据实际情况进行调整，所以课程改革方案的执行率其实并不会是100%的。根据国外某调查研究，教师遵照课改方案进行课程实施的大约只有16%，这个数值其实特别低。换言之，课改方案还存在不少有待改进的部分，实际操作实施起来需要解决的问题还比较多，无法达到最理想的改革效果。可见，如果没有对课程实施进行深入细致的研究，就无法及时发现课程实施中存在的问题，自然难以及时、恰当、有效地为课程实践提供指导。

教师积极参与课程实施对完善课程理论体系至关重要。中国学者在课程基础、课程目标、课程内容、课程设计、评价反馈方面进行了大量探索，但针对实施环节上的研究则相对薄弱。课程实施是课程体系的重要部分，加强教师参与可弥补这一空白，完善理论体系。

课程实施与课程规划之间的关系可以视为理想与现实、预期与实际成效之间的动态过程。课程规划的完整性和完善度对于其实施的顺利程度和最终效果具有决定性影响。课程规划制定得越详尽、越完备，实施起来越容易，实施的效果越好。然而，无论课程规划的质量如何，若未能进行实质性的操作和实施，则其规划本身将失去实际意义。此外，即使课程规划得以实施，其结果也未必能完全符合预期，因为影响课程实施效果的因素具有多样性且极其复杂。

课程实施与课程评价之间存在密切关联。课程实施的过程实际上为课程评价提供了实质性内容。在评价课程时，必须深入考察其实施的可能性、有效性以及教育价值，而这些关键要素只有在课程实施阶段才能得以充分展现和验证。此外，课程评价还能为课程实施提供宝贵的反馈信息，从而指导我们进行及时的调整与优化。

综上所述，课程实施与课程评价相辅相成，共同推动着教育教学工作的持续发展与完善。

教师深度参与课程实施，对于设计创新的课程改革方案具有积极推动作用。课程计划与具体实施之间，以及理想预期与实际达成结果之间均存在着错综复杂、多元多变的联系。这些关系往往难以准确预测和有效控制，进而增加了编制新一轮教学方案的复杂性。为了构建有效的课程计划，需秉持客观的态度对这些复杂性进行深入剖析，并努力明确其产生的过程与根源。如果不弄清楚课程事实之间的复杂归因，很有可能高估新课程方案的价值，对课程设计中存在的问题预计不足，从而将问题延伸到新一轮的课程改革方案中。

（二）教师参与课程评价的意义

课程评价是一个动态的价值判断过程，这个过程涉及的因素也比较广泛。它不仅是对给定设计课程的价值判断和趋势分析，也是在特定情况下做出的评价。所谓情景，是指课程要使用的情景，比如课程什么时候准备实施，课程在哪个学校实施，课程实施的地区和时代背景。所以，脱离具体情况的所谓课程评价都是虚无。然而，在讨论一门课程好坏时往往是基于课程本身进行价值判断，基于某些理性思维或逻辑思维进行判断，却忽略了课程使用的场景，这显然是行不通的。课程应该放在特定的环境中进行评价，因此对课程的评价包括两个方面：课程本身的价值判断和环境的适宜性。

新课程改革认为，课程评估通常依赖于信息技术方面的个人协作，在具体的评价过程中，评价者不应仅由学者和权威人士组成，课程实施者——教师在评价过程中扮演着越来越重要的角色。因为教师在实际教学中对课程实施的感受最直接，对课程实施过程中优劣利弊以及实施过程中对学生的影响等评价，教师应该是最有话语权的人之一。教师参与课程评价，对于个人专业技能的发展与素质提升具有显著意义。更重要的是，通过课程评价，能够及时发现并改进课程中存在的问题，减少课程改革的潜在损失，并提供及时有效的反馈信息，为合理决策提供依据。此外，参与课程评价的过程也有助于教师自我提升，改进教学方式，提高教学质量。当教师亲自参与课程评价时，他们会对改革内容的实施有更为深入的了解，从而更好地在教学中落实新课改的具体措施。

总之，教师在课程改革中的作用至关重要。为确保教师参与课程改革的有效性，我国应制定参与课程改革的课程政策，加强教师参与课程改革的理论研究，形成教师参与课程改革的培养机制，在课程改革中让教师的创造能力得到充分的发挥。

第二章

新课程标准下教师的角色转变

从时代发展的角度来看,教育本身是一种不同寻常的社会活动,而身处教育活动中的教师,在不同的时间、空间与不同的教授对象构成不同的关系,扮演着不同的角色。随着第三次工业革命(信息时代)的到来,教育与课程改革也在不同程度地进行着,试图解决教育这种社会活动的内外矛盾。这致使教师的角色也发生了本质的变化,教师面临着角色转变的挑战。

第一节 角色理论研究

通常来讲,教师是一类专业人员,主要承担着两方面的责任:一方面是教书,即向学生传递先哲们总结的先进的思想文化知识;另一方面是育人,即对学生进行思想道德教育,将他们培养成对社会有益的人。从广义上讲,教师是指参与一切与教育职业相关的人员,不仅包括教师等学校行政管理人员,还包括家长以及在媒体上进行教学的人;从狭义上讲,教师指在学校从事教书育人工作的专业人员。

角色理论最早在社会心理学领域被提出,后来教育学家结合教育研究领域的特点,逐步发展出基于教师角色的角色理论。教师角色理论深入探讨了教育活动中的各种社会关系如何影响教师的行为模式,是一种分析教育活动对社会心理层面影响的理论。

一、角色理论的内涵

作为社会心理学组成理论之一,角色理论是从角色的角度出发,用来解释个体生活行为的理论。也就是基于人们目前所处的社会环境,同时依据人们对角色的理解、期望和要求以及对社会互动参与者起作用的有关群体来解释人的社会行为。社会文化规定了人的社会角色,而人学习、掌握、熟练使用角色规范,逐步形成社会化。角色理论内容丰富,包括角色知觉、角色扮演、角色行为、角色技巧、角色期待、角色规范、角色紧张、角色冲突、角色学习和角色训练等内容。它强调人的行为对社会的影响,认为人与社会相辅相成,二者相互促进。

二、角色与角色扮演

角色又称"脚色",旧指戏剧舞台上的特殊人物。20世纪20年代,角色概念首先被米德(G.Mead)在社会心理学理论中提及,称其为社会角色。社会角色是一种行为模式,是由人们的社会地位以及社会期望所决定的。它通常具有三种基本含义:第一种含义是指每一特定的社会角色所体现的一种社会行为模式;第二种含义是社会角色受人的社会身份地位所影响,每一种社会角色行为都能够准确反映出其自身在社会关系中所处的阶级;第三种含义是社会角色必须在社会期望内有规范地行动。因此,每一种社会行为都能够表示出角色本身所处的社会阶层,还能够体现角色个体心理行为与大众心理行为之间存在的交互关系。

角色扮演是指在一定情境下,具有特定地位的角色按照社会期待去表现出一系列的角色行为。在不同的社会地位和背景下,不同社会角色受到的社会期待制约也有所不同,因而衍生出不同的行为规范以及角色扮演模式。在社会群体中角色扮演者对自身地位认知是否准确、对社会期待的理解是否到位、角色技巧运用是否恰当等,都决定了角色扮演能否成功。衡量角色技巧可以从三个维度出发:一是角色扮演者所扮演角色的数量,若角色扮演者可以随时随地扮演各种类型的角色,这就可以从侧面体现出其角色扮演的技巧相当娴熟;二是角色扮演者对角色的扮演程度要恰如其分,过强过弱都不可取;三是角色扮演者对角色扮演的时长也有所不同,有些角色费时费力,而有些角色则轻松省时。若所扮演的角色符合其角色地位所规定的角色规范,即合角色行为,则此扮演就是成功的;反之,不合角色行为的扮演就是失败的。

三、角色行为与角色技巧

对于角色行为来说,通常有两种概念:第一种概念是在一定社会角色下个体所表现出的一种行为。在特定的生活环境下,某个人所表现出的行为可以帮助我们迅速对其社会阶层做出判断,因此它是理想化的,而不是实际中必须展现的行为。在第二种概念中,角色行为是一种行为的样本,它所表现出来的行为是在学习和社会环境下被期待的一种行为,是被事先规范的,因而才是符合人们以及社会所期望的。因此,可以看到社会行为与角色行为是密切相关的，在不同的文化影响下，同一角色可能有不同的社会行为。

角色技巧是个体所具有的，它是可以帮助个体成功有效地扮演角色的一种能力。角色技巧的好坏受角色扮演者的能力大小、经验多少，以及是否受过专业训练影响，因此可以分为认知技巧和运动技巧。角色的认知技巧通常包括角色知觉、角色扮演对于社会的敏感程度以及移情作用等内容。具体而言，它是指角色个体通过与别人交流过的信息，并结合自身的理解能力，推断其自身与交流对象所具有的社会地位，以及所受到的角色期待的能力。它具有一个很重要的特征，即可以快速识别他人角色所具有的能力，以及为正确判断提供线索。角色运动技巧，具体是指角色扮演者身体运动以及行为语言所展现出的一种技巧。不同的角色扮演者都被要求具有恰当的行为语言以及面部表情、声调等反应。在运动技巧中，表意性功能是非常重要的，它通过角色扮演者的行为语言来表明自身想要表达的含义。总而言之，角色技巧是指角色自身在发展过程中通过后天练习所得到的一种技巧，对角色扮演具有重要影响。

四、角色期望与角色规范

角色期望通常又被称为"角色期待"，它通常指在某种角色背景下群体或者个人对角色个体所表现出的一种特定行为的期望。它成功连接起了社会结构与角色行为。角色期望很大程度上影响了一个人在其所处的社会地位上所表现出的角色行为。角色期望是一种被规定的行为，受角色个体所具有的社会地位影响。角色期望通常对角色个体提出各种限制性规定，它不仅规定了角色个体的行为准则，还影响了角色自身的行为方式。角色期望对角色个体自身有双面性影响，一方面它可以使角色个体自身按照社会期望而行动，另一方面，由于社会期望的存在，它会使角色个体产生自我疏远，以及人格偏离现象。角色期望也会出现意想不到的情况，对于同一角色，不同的角色个体会出现显著性的角色行为差异，也会使一些个体对所扮演角色表现出的行为无从下手。

对于角色规范，它通常是指一种行为规则。具体是指在长期社会生活中，对于角色期望所提炼而成的一种行为表现。社会化的进程就是角色个体慢慢接受角色规范的过程。角色规范通常与角色个体所处的社会地位紧密相关，可以快速调节个人行为，是重要的调节器。它对个人行为的影响是由内而外的，主要的表现方式有两方面：一种是正式的行为准则，它通常是以书面形式由法律条文所规定的；另一种是通俗的行为准则，通常是不成文的规定。角色规范的形成与发展取决于人们当时所处的社会地位，以及社会经济条件、文化背景等。角色规范为角色个体规定了严格的行为界限，是社会影响人的重要介质。角色个体只有了解并熟练掌握一定的行为规范，才能成为一名合格的社会成员。

在实际的社会生活中，角色适称、角色协调、角色偏差等现象也会经常发生。其中，角色适称是指，在实际的社会生活中，个人扮演的角色符合社会对该角色所规定的行为准则。换言之，什么样的角色就有什么样的社会地位。在社会生活中，人们是否能够做到角色适称，主要取决于三点：第一点是角色的清晰度，也就是说，个人对自己所承担的角色职责有明确清醒的认知；第二点是角色期望，也就是社会对个人所规定的某些行为准则，个人对其实际有深度的认知；第三点是角色技能，这一点是指角色个体对其所要扮演的任务具有明确的了解。在角色行为中，角色适称是必要的前提条件，没有明确的了解就会引起角色冲突。

角色协调是指角色个体对自己角色所承担的社会职责，与他人对角色个体所要求的社会职责一致。角色协调有助于帮助角色个体顺利地扮演其自身在社会中的角色，产生与角色相适宜的角色行为，最终达到角色适称的效果。角色不协调，通常会导致角色冲突，最终影响角色自身在社会的适应能力。

角色偏差，又称"角色差距"，它通常是指角色个体在扮演角色时偏离了自身对角色行为的期望，或者是偏离了社会期望。对于偏离了社会期望的这种角色偏差，通常有五种表现形式：第一种表现形式是行动偏差。违反了社会所规范的行为，通常有犯罪行为；第二种表现形式是习惯偏差，通常是指经常性的行为，如盗窃；第三种表现形式是人格偏差。主要表现在人格失常，这种类型的角色通常不能与他人进行详细的沟通交流，换言之，也就是经常发生角色冲突；第四种表现形式就是对于群体以及组织的认识偏差，涉及一个群体的整体行为偏差，如流氓团伙；第五种表现形式就是亚文化的偏差，它是指某些人具有自己独特的文化特征，但是这种特征违反了社会大多数人所具有的文化标准，如世界上某些地区所独有的文化价值，以及相应的信仰等。

从上述五种表现形式中，可以知道在第二种情况的角色偏差中，它是由于角色个体自身的能力或者文化认识不足造成的。因此，当角色个体扮演了特定的社会角色时，出现理想角色与实际角色的差距是在所难免的，但角色偏差对社会的影响是反向的，是影响巨大的。事物都有两方面，它同样也具有积极的方面，如会督促社会各界对社会进行良好的治理，以及更加有利于社会向好的方面变迁。20世纪以来出现了很多理论，这些理论将角色偏差产生的原因分为生物、心理以及社会三类。

五、角色紧张与角色冲突

当角色适称和角色协调出现困难时，在实际的社会生活中往往存在着角色紧张跟角色冲突的现象。角色冲突通常是指一个角色扮演者处于不同的地位，由于要扮演相互矛盾的角色，就引起了角色与角色之间不可避免的矛盾冲突。角色冲突通常分为两种情况：

第一种角色冲突是角色内部冲突，角色内部冲突又可分为两种表现形式，第一种表现形式是，不同群体对单一角色有相互矛盾的角色期望，从而使角色行为发生矛盾，最终导致角色冲突；第二种表现形式是，角色行为的主体对于某一特定的角色有着不同的理解，但是又被迫必须履行，所以在角色内部产生矛盾冲突。

第二种角色冲突是角色与角色之间的冲突，这都是由角色紧张造成的，它也有两种表现形式。第一种表现形式就是角色承担者需要同时承担不同的角色，但不同的角色对角色主体提出的要求又有所不同，因而会引起角色冲突；第二种表现形式是两种截然不同的角色，对同一角色主体提出相反的角色期待，因而会引起角色冲突。

解决角色冲突的途径也有两条：第一种是提高角色扮演的技巧，从而化解某些角色冲突；第二种是暂时或者永久地解除一种角色任务，从而缓解角色冲突。通常来讲，缓解角色间的矛盾冲突受到角色主体所处的社会地位以及相应的文化背景制约。

角色紧张，是指角色个体在承担不同的角色过程中，不同的角色对个体提出各种各样的要求，使角色个体所承担的某一角色与其自身的行为出现不相容的情况，使个体感受到精力不足，或者是情感上出现矛盾的状况。它通常与角色冲突是如影相随的，角色冲突更多地表现为与一种角色特定的行为困难有关，而角色紧张更多的是强调个体的行为。角色紧张更多地表现在每一个人的社会生活中，如果处理不当，就会引起角色冲突。对于角色紧张的作用，社会心理学界的各位专家有着两种不同的看法。其中，第一种看法是，它是一种普遍存在的现象，存在即合理，只要能妥善解决，就有助于社会生活中每个个体的能力提高，也可以帮助每个个体更好地承担社会角色。另一种看法则认为人的能力是有限的，对于不同的角色，倘若超出人的能力，就会对人的精神产生压迫，如果长期得不到解决，最终会有害于社会生活中每个个体的身心健康。缓解角色紧张的方法有很多，可以改变角色的结构，也可以将个人的角色转嫁给其他人，还可以扩大角色的承受范围，提高角色的技能等。

六、角色学习与角色训练

通过对角色的分析，在社会生活中，人们可以通过角色学习与角色训练，形成独特的角色技巧来解决自身在社会生活中所遇到的角色问题，达到符合角色规范以及满足角色期望的要求。角色学习是指社会生活中的角色个体，了解自身所处的社会地位所具有的权利以及义务，并了解其他个体的生活状态、情感。本质上讲，它更是一种社会性的学习，主要体现在两方面：一方面，是指在特定的社会规范下，主要学习角色的规范与权利；另一方面，角色之间相互沟通、交流时模仿其他角色的情感以及态度。

角色学习有三个独特的特点：第一，它是综合性、广泛性的学习；第二，它是与时俱进的，随着角色的互动而不断进行的；第三，它与角色所处的位置相关联，换言之，一个人学到的社会角色越多，角色个体在社会生活中越得心应手，越能从容面对复杂多变的社会生活。

通常而言，人在出生之后，角色学习经历了三个过程。第一个阶段是从模仿到认知的过程，呱呱坠地的婴儿是在玩耍中学到的角色扮演，通过模仿，逐渐学会了社会生活中角色个体所具有的社会性行为，也就实现了从模仿到认知的过渡。第二个阶段，从自发到自觉的过程，个人所承担的某一部分角色是与生俱来的，但是随着年龄的增长，角色个体在社会生活影响下自觉地进行学习，并非与生俱来的。第三个阶段是从整体到部分的过程，在社会生活中，角色个体最初是以一个完整的个体展现在人们面前，但是随着角色学习的深入，角色个体开始关注个体中每一部分的组成，以及每一部分组成它所具有的具体规范业务知识等。

因此，角色个体才能把学习的各部分结合起来，从而完成角色学习的任务。

角色锻炼通常是指一个人在角色期望的影响下进行相应的能力训练，是在某些特定的环境下进行相应的训练，主要是指让一个人同时承担不同的角色任务，进行相应的分析问题、解决问题的训练。只有这样才能使角色个体更及时地了解别人的需求，使自己更好地承担起角色任务，完成角色所要求的行为，如某个人在学校是教师，但是在家里是老公或者是父亲，而在商场里，他是客户，因此，他需要遵循不同社会环境下的不同角色的行为规范，角色训练就是要培养一系列特定的个人行为能力。角色训练的成功与否，很大程度上取决于训练者对角色期望的掌握程度，以及相应的社会文化水平的高低。

第二节　教师的角色意识

对于新教师而言，刚踏入工作岗位，将面临许多新挑战，如自己在社会中的定位、人际关系的处理以及岗位的工作环境变化等。秉承着对学校教育有序发展的不懈追求，新教师面临着尽快适应这些变化的巨大挑战。为了适应新教师的角色，需要对教师的角色以及内涵具有深刻的认识。

一、教师角色的内涵

角色代表的是个人在社会中的特定地位，代表着个人在社会中需要履行的义务和自身拥有的权利。对于新教师而言，需要明确认识到自己可以对学生提供的帮助。

教师的含义包括两层，一层是角色的承担者，另一层是担当的一种社会角色。学生的道德品质、学习能力、师生关系以及性格等方面的培养都离不开教师的主导作用。

教师角色的具体含义可以通过以下几个方面表现出来。第一是教师在职业活动中的表现，如对学生的教育以及学习能力的培养。第二是由其特殊地位决定。第三是教师需要用符合社会期望的行为模式进行教育活动。教师这一角色需要完全体现教师行业的专业性，一位成功的教师角色的塑造是其专业性塑造。

二、教师角色的特点

社会对教师这一角色的专业性的期望值较高，致使教师工作须遵守一套特定行为规范，并且可表现出其特有的职业特色。

（一）规定性以及自主性

教师必须按照社会期望的教学过程教授知识，因此教师角色的终极目标具有规定性，相对于规定性而言教师角色同样具有自主性。在具体规定性的宏观约束下，教师可以按照自己的教学模式进行教学活动，按照自己的课程设计自主选择实现教学目标。

（二）个体性以及创造性

教师行业的一大特点是个体性。教师需要在教学中以独立个人进行教授学习，教学指标以及教学成果均由教师个体独立完成。在教学活动中，教师需要根据学生特点因材施教，根据学生理解能力差异对其采用特定教育方式，如此才能达到事半功倍的效果，因此，教师在教学行业中需要具有一定的创造性。

（三）多样性以及发展性

教师这一角色具有多样性的特点，一系列研究表明教师是各种成员角色的融合。在社会中，教师是普通公民，依法享有权利义务；在学校中，教师扮演着学生团体大家长的角色，维护学生生活以及学习纪律等；在家庭中，教师是孩子亦是父母，担当着家庭顶梁柱的角色。要胜任教师这一角色，就需要承担起每一种角色的责任。为更好地胜任教师角色，需要用发展的眼光去看待自身的问题，需要不断提高自身适应环境变化的能力。

（四）弥散性以及模糊性

教师虽然承担着社会责任，需要根据自己的职责对学生展开相应的教育工作。但是由于学生个体存在差异以及随着其年龄不断增长经历不断增加，其学习成果并不能直接等同于教师的劳动结果。因此，教师的个人成就在工作中会存在矛盾冲突，致使对自己的成就表现有模糊性概念。

三、新教师角色意识形成

新教师角色意识的形成需要过程和条件，这是一个渐进的过程，包括从认知到认同直至角色信念形成。

（一）新教师角色意识形成过程

基于教师角色研究，教师角色意识形成过程必须经历以下三个阶段：

1. 角色认知阶段

新教师角色意识形成的第一阶段是角色认知阶段，是指对教师角色具体行为规范的认识与了解。首先，了解教师行业需要承担的职责，其中最重要的是与其他职业特点进行比较将教师的角色区别开。其次，需要将在师范教育中学会的抽象理性知识正确运用到现实教育工作中。

2. 角色认同阶段

新教师角色意识形成的第二阶段是角色认同阶段。角色认同是指教育工作者的行为与社会对教师角色的行为期待达成一致。教师角色认同是指按照社会期待的行为规范完成自己的教育活动的同时接受社会赋予的职责要求，但是教师角色认同不仅表现在了解教育工作者需要遵守的行为规范以及社会评价，更需要用更严苛的教育标准约束自我。教师角色认同需要在教学实践的过程中不断地完善自我，追求更高效更完美的教学成果。

39

3. 角色信念形成阶段

新教师角色意识形成的最终阶段是角色信念阶段。角色信念是指将社会的被动期望转换为个体主动的自我要求。教师角色信念要求教师坚信自己职业价值观的正确性，通过高效完美完成教师行为规范获得对自身工作状态的满足感和成就感。

（二）新教师角色意识形成条件

角色意识的获得需要不懈地学习。它既包括在学校中接受的理论性的师范教育知识，也包括从事教师行业后逐渐形成的社会经验。

1. 全面认识教师行业

教师角色意识形成的基础是对教师行业及其角色扮演拥有全面认识。在生活中，大家通过媒体及新闻业对教师行业及其相应角色产生了一定了解，赋予了教师不同的看法，如认为教师只参与课上活动，教师的工作轻松稳定等。但对于教师行业，这些基础要求差强人意，未来需要加强教师角色意识的形成以及教学技能培训。此外，教师需要主动了解教师角色的真正内涵。

2. 学习榜样

榜样的树立有助于新教师角色的意识形成，刚入职工作的新教师可以通过榜样的教学方式重新定义自己的社会地位，学习教师角色的工作节奏，正确处理工作中的问题。

3. 积极参与教育实践

社会对教师的尊重以及学校对教师人才的合理分配，都有助于新教师角色意识的形成。新教师积极参与教育活动，实践自己的教学手段，能够满足教师对自身价值和社会价值的自我肯定，能够将抽象的教师角色转化为现实中的教师榜样，积极促进教师角色意识的形成。相关研究结果表明，经过长期有效的教学实践，能够不断提高教师对社会赋予教育行业相应职责的肯定，并有助于教师将责任转化为个人自我要求。

（三）关于教师角色的观点

教师在教育行业中承担的具体角色，从古至今有许多不同的观点。

1. 传统教师角色观念

（1）道德权威观念

传统观念中最具代表性的观念是道德权威观念。自古以来，教师一直被认为是社会道德的领头人，将社会道德和优良品质传授给学生。权威性也是教师的另一职业特点，教师行业只有具备权威性才能更有效地促使学生自主学习和具备社会责任感，有效地帮助学生学会用道德以及品质来约束自己的行为。

（2）文化传播论观念

在传播文化的过程中，教师处于领导地位，学生处于接受地位，学生与教师形成被动接受关系，这种从属关系必然会引起师生之间的矛盾，教师在应对这种矛盾冲突时必须采用妥善的解决方案，善于合理运用文化价值观劝导教育学生，形成对学生的绝对领导权。

（3）双重角色观念

道德权威观念和文化传播观念具有局限性，社会学家认为上述两种观念只适用于静态社会。现代社会发展迅速，教师的权威观念正在不断受到冲击，学生及家长团体的影响日益增大。教师不能只通过传统权威观念教育学生，必须使用新的教学技能帮助学生实现社会价值。但这并不意味着旧的权威观念就此消失，在新观念尚未完备前作为现代教师必须能够权衡二者之间的关系，维护社会文化价值。

（4）文化协调观念

道德权威观念强调的是教师权威的影响力，双重角色观点强调学生团体的作用力，两种观念的作用差异是针对对象不同。现实社会中必然是成人文化与儿童文化并存，这两种观念冲突不可避免地在价值观念上存在分歧，教师必须协调这两代人的分歧，一方面要有选择性地将成人价值观念传递给下一代年轻人，另一方面又要了解儿童文化的创新性，因材施教，培养学生的独立性和创造性。

2. 当代教师角色理论

1960年以来，不同流派从各个方面对教师角色进行了探讨，提出了与传统教师角色理论不同的观点。

（1）建构主义教师角色观

建构主义者推崇知识与学习的具体环境是相辅相成的，需要在特定的文化情境中才能应用具体知识，如课堂上学习的知识，应用于课堂外必然具有一定难度。因此，学校方面需要构建与现实生活相似的环境，以此提高学生对知识的应用率。教师在学生的学习过程中要扮演好促进者和合作者的角色，善于运用事物矛盾引起学生的思考以及反思。同时，教师也要扮演好学习者和探究者的角色，善于观察了解学生的需求，解决学生的具体问题。新教师应通过提高教学水平以及自己工作的认知能力，成为一个有领导力的思想者。

（2）人本主义教师角色观

人本主义教师角色观认为教育工作应该以学生自主性为主，教师的主要作用是帮助学生明白学什么、怎么学、为什么学？最终帮助学生形成一种闭环逻辑思维，除此之外让学生发现所学知识的价值，创造并维护快乐的学习氛围也是重要工作任务。

教师在教学过程中扮演着促进者的角色，需要针对每个学生的潜力、价值以及性格、兴趣等方面的差异对学生因材施教。作为一名成功的促进者，教师首先要具备诚实这一优良品质，不可把自己的想法强加于学生；其次要建立良好的师生关系，接受并信任每一位学生，让学生发现自己的闪光点，培养其主动学习性；最后要站在学生的立场上去理解每一位学生。

（3）实用主义教师角色观

教师行业以教授知识为途径提高学生的理解能力和思想高度。因此，作为教师必须具有过硬的专业性知识，不断学习反思，提高自身思想高度以及教学能力，这样才能履行社会责任。教师不仅是引领者、合作者，也是反思实践者。

四、教师角色意识功能

居于教育观念最核心地位的是角色意识，角色意识涉及教师的自我认知和自我认同。教师行业的角色意识不仅是教师对社会自我的认知，也是其对教育观、学习观、发展观的体现，是教师行业的行为动力，对教师自我成长具有重要意义。教师的角色意识功能包括以下四个方面：

（一）体验教师角色

教师的心理体验受到角色意识的影响，相关研究证明独立个体的角色意识以及心理状态与感受到的情绪存在密切的联系。具体而言，教师体验的角色矛盾较大时，其工作时的心理压力也会相应地增加；角色冲突与模糊会造成职业倦怠。角色意识还会影响教师对自身职业的成就感，角色意识清晰的教师更明白自己的职责与义务，能够更好地遵循其执业行为规范，达到相应的职业目标。然而，角色意识模糊的教师会在从事教师工作时感到茫然，对职业产生不满。

（二）支配教师行为

一般而言，个体的行为标准主要是依据对自身角色的认知以及社会期待。教师对其自身角色的意识会直接影响角色扮演的成功与否，教师的角色意识是其从事教育行业的前提。一方面，教师对自身角色的意识会制约其行为，如果教师能够清晰明确自己的角色，教育工作会倾向于理性有序，如果对自己的角色意识模糊，其教育工作就会更加随意。另一方面，教师对自身的角色意识还可能影响其未来的行为反应模式。

（三）促进教师成熟

扮演角色的成熟性取决于角色意识这一重要条件。角色可以分为三类，分别为期望角色、实践角色、领悟角色。期望角色是理想模式的呈现，是社会对教师权利义务和行为的规范；领悟角色是指教师对自身角色的理解认识最终转化为自我领悟结果；实践角色是指教师在教育工作中进行的实践活动。教师演绎的实践角色与期望角色越接近，说明他们扮演的角色越成功，其教育工作的效果也会越明显。期望角色与实践角色之间的转化必须经过领悟角色这一过程，领悟角色是二者之间的媒介。

（四）影响学生发展

角色意识可以引导教师的教育活动，进而影响学生身心发展健康。教师作为学生成长过程中的核心影响人物，其发挥的作用不容忽视。如果作为一名教师无法清晰准确地认识自己的角色地位及行为规范，会导致其教学活动随意盲目且无可取之处。教师如果无法判断自己行为的恰当性，无法评判教育活动是否会对学生产生积极影响，没有反思修正自己教育行为的能力，便会影响学生成长过程中的身心发展。

综上所述，新教师必须具备反思自己角色意识和角色行为的能力，及时发现自己工作中的矛盾冲突点，不断做出调整并改善自己的教学成果。

第三节　新课程标准对教师角色的影响

目前，教师需要从传统角色定位中挣脱出来，利用新的教学环境更新自己的职业技能，塑造新的职业角色以满足新课程实施对教师提出的要求。

一、新课程要求教师打破传统的教学行为规范，从单纯的知识传授者转化为适应新课程的创造者、引导者以及设计者

由于推行的新课程教育理论与实践活动之间存在脱离关系，因此会影响课程的创造实践。在新课程开发的领域中，我们采用研究—发展—推广普及三步走的模式作为研究模式。基于上述研究模式，课程设计专家可以作为新课程的研究开发者，教师为新课程的执行者。但这种研究模式与教师的教学实践存在分离性，大概率会导致教师在制订课程计划的过程中呈现被动性，缺乏灵活创新性，进而影响新课程整体的实践效果。

新课程的管理体制经过修订，现由中央、地方和学校三个层级共同负责。这种三级管理体制的推行旨在从根本上改善教师在教学过程中的被动和尴尬地位，充分激发和调动他们的工作热情和积极性。同时，这一改革也赋予了教师更广泛地参与课程研发和创造的自主权，使他们能够全方位、多角度地为新课程的建设和发展贡献力量。为适应这一新的管理体制，教师需要及时调整自身的角色定位，迅速融入并承担起新课程设计者的职责。

作为新课程的设计创造者，教师需要做到以下几点：

第一，教师应当时刻关注新教程理念的宏观发展趋势，并独立、全面地研究新课程的理论知识，以丰富和更新自身的基础知识储备。新课程融入了现代教育的新理念，如果教师未能深入理解和掌握新课程的核心内容，那么他们将难以有效地传授新课程的知识，也无法为学生的学习方法提供积极的引导。

第二，教师在深入掌握教科书理论知识的前提下，有责任对教授的新教科书进行恰当的归纳与总结。为实现这一目标，教师需全面理解学校独特的学习环境与学生的实际情况，对课件内容进行精准筛选，并运用最为高效与适宜的教学方法，将关键知识有针对性地传授给学生。在此过程中，教师应避免过分追求课程内容的广度，而忽视学生真正需要深入学习的核心知识。

第三，教师在课程开发研制过程中应积极发挥主观能动性，展现其创新精神和专业素养。在课程规划阶段，教师应清晰设定具体且富有针对性的课程目标，并精心挑选与课程目标相契合的教材和教学参考资料。同时，教师应善于发掘并充分利用学校周边的课程资源，与其他课程内容进行有机整合，从而打造出既符合教育规律又贴近学生实际需求的优质课程教材。

在实施课程计划的过程中，教师需要依据基础教育课程的大纲要求创造性地进行教学活动，同时也意味着课程是动态展开的过程，教师需要运用好现有的各种教学方式改善其教学质量。新课程应该以创新性、开放性以及自主性为价值取向，最主要的教学任务是激发学生自主思考，学习超越于知识之上的内容，激发其灵感智慧。因此，教师需要尽最大的努力优化学习流程，使每一个教学环节都具有活力及吸引力，尊重学生的个性，维护学生的创造性，激发学生的学习热情。

在课程评价过程中，教师要勇于承担课程评价的结果，以此确定教学方案的正确可行性。根据反馈结果适当修改教学方案，使学生对新课程充满兴趣，拥有学有所成后的满足感。同时，教师需要适当补充教学材料，使学生拥有更广阔的视野和更丰富的学习体验。

二、由传统知识传授者向现代知识传授者转变

值得肯定的是，教师作为知识传授者的角色具有重要意义，然而在此基础上我们仍需深化理解。传统知识观较为狭义，主要聚焦于显性和陈述性知识，将知识视为人类意识的产物，包含经验知识和理论知识两部分。然而，这种理解往往导致人们对知识认识上的偏差：将教师视为知识的唯一拥有者，学生则被视为被动接受者。在教学活动中，这种观念往往导致教师被置于中心地位，教学内容过于应试导向，教学活动以提高学生成绩为主要目标。

在教学活动中，教师扮演着传统知识传授者的角色，其教学过程主要体现为信息的单向传递。具体而言，教师负责讲解，而学生则负责聆听。在这种模式下，教师拥有绝对的权威，学生则处于被动地位，接受教师的控制和监督。对于教师而言，主要关注的是知识的传递，而学生的性格、情感、态度和价值观等方面的发展则并非其关注的核心。教学的方案、目标、内容以及结果的评定均由教师单方面负责，学生主要负责应试和接受评价。这种教学方式虽然在一定程度上能够确保知识的传授，但忽视了学生的主体性和全面发展。

相较于传统的知识观念，现代知识观采取了更为广义的视角，它稳固地建立在哲学与心理学的基础上。其核心在于突出知识的多元化和丰富性，涵盖了显性知识与隐性知识、陈述性知识与策略性知识等多个层面。受到构建主义思想的深刻影响，新课程在教学方式上提倡灵活自由的教学方案设计，强调师生互动、共同发展，并以引导学生进行探究和研究学习为主。新课程明确将学生的全面发展作为教学的核心目标，相较于传统的教学方式，现代教学展现出了独特的魅力和特色。

与现代知识观相呼应，教师应扮演现代知识传授者的角色。具体指在新课程背景下，教师作为知识传授者，其角色应做出以下转变：由注重传递转变为注重发展；由注重统一转变为注重学生之间的差异性；由注重教师的教学过程转变为注重学生的自主学习过程；由注重学习成果转变为注重学习过程；由单向信息交流转化为综合信息交流；由权威性

教学转化为平等互助交流；由教学模式转化为教学个性化；由职教管理者身份转化为学生学习的参与者和促进者角色。

三、由单一学科型教师转变为跨学科型教师

我国长期实施分科教育，致使各学科间的教学相互独立。在此模式下，教师往往局限于某一学科的教学，较少涉猎其他学科的知识。这种趋势若持续下去，将导致教师的知识构成过于狭窄，难以适应教学改革与发展的需要。

新课程体系对分科教学方式进行了改革，确立了以分科教学为主、综合课程实践活动为辅的教学模式。在课程内容上，新课程注重加强学生与现代科技信息发展的联系，增加了学习生活中不可或缺的基础知识和技能的比重。同时，新课程强调课程内容构造的综合性，以及教学方法和目标的综合性。为实现课程的综合性，教师需要掌握各门学科的基础知识，并不断提升自己的综合能力。

教师在新时代的教学工作中，若仅局限于某一学科领域，将难以适应新教程的多元化需求。为了更有效地进行跨学科教学，教师必须致力于拓宽自身的知识领域，丰富知识储备，努力成为具备综合素养的专业人才。这要求教师保持持续学习的态度，积极追求新知，密切关注现代科学技术及信息技术的创新发展，以便及时更新和优化教学内容。同时，教师还需培养跨学科知识整合的能力，将所学知识与教学实践紧密结合，不断提升教学方法和教学目标，以更好地适应教育改革和人才培养的新要求。

四、由知识的搬运工转变为充满实践智慧的专业人员

受传统教学理论的局限和教学经验的束缚，我国的教育模式一度呈现片面、机械化的状态。在这种背景下，教师往往被束缚在知识搬运工的角色中，难以发挥教学创新的潜力。

新课程实施以后，课程学习环境发生了极大变化。新课程强调师生与教学环境的整体融合，新课程学习氛围转变为动态互助性质，传统课程环境与新课程环境相比存在如下几方面差异（表2-1）。

新课程

标准下教师角色与教师培训研究

表 2-1 传统课程与新课程环境的差异[①]

表现方向	传统的课程环境	新的课程环境
教师与学生的位置	教师中心	学生中心
学生发展的关注范围	单方向发展	多方面发展
学生的学习方式	独立学习	合作学习
学生的学习状态	接受学习	探究式学习
学生的学习反应	被动反应	有计划地行动
学习活动的内容	基于事实知识的学习	批判思维和基于选择、决策的学习
教学的背景	孤立的人工背景	仿真的、现实生活中的背景
教学媒体	单一媒体	多媒体
信息传递	单向传递	（双向）多项交换

经过对比分析可以发现，传统课程教学的确定性特征显著，从课程内容、标准、教材到考试环节均表现出高度的一致性，全国各地的差异并不显著。然而，这种传统的教学模式限制了教师的创造性发挥，使他们只能被动地接受教育行政管理者的政策指导，而无法充分展现其作为专业教学人员的独特性和创新性。此外，传统的教学方式还可能影响教师专业水平的发挥，掩盖了他们在教育实践中所具备的专业素养和能力。

相较于传统课程，新课程的不确定性显著增强。这主要体现在以下两个方面：首先，新课程更加注重学生的自主性，允许学生在知识、能力、情感和价值观方面展现多元性。其次，新课程摒弃了统一的评价标准，转而针对不同学生的特点实施个性化教育。此外，课程的综合性得到了加强，使不同年级的学生可以共同参与学习讨论。同时，教材和参考资料的选择也为教师提供了更大的发挥空间，有效避免了教材选择的单一性。这些变革不仅增强了教师的自主选择性，还有利于其灵活采用合适的教学方法以达成教学目标。

新课程所带来的不确定性，为教学过程赋予了更广泛的可调节目标与灵活多变的时间和空间，这使课程能够呈现出丰富的多样性，更能与每位学生的实际学习情况相吻合。这种新型的课程模式与教学方式，充分体现了课程与教学的内在联系，符合教学的本质属性。在教学进程

[①] 新课程实施过程中培训问题研究课题组.新课程与教师角色转变[M].北京：教育科学出版社，2001：83.

中，应当重点关注两个核心要素，即教师和学生，二者都是具有旺盛生命力的有机体。教师的个性特点、情绪状态，以及学生群体的心理特征，都可能在教学过程中发生动态变化，这些变化具有不可预测性。为了应对这种复杂多变的教学环境，教师需要具备卓越的专业素养，包括敏锐的洞察力，以及解决突发状况的能力。在教学过程中，教师应充分发挥其智慧，妥善处理各种实际问题。

第四节　新课程标准下教师角色的定位

新课程体系在教学目标、功能、结构、内容、实施、评价、管理等各个方面都有了重大的改革，这一系列改革都需要教师去完成。面对新课程，教师要转变角色，确认自己的教学身份。新课程以学生发展为基本价值取向，以师生间的关系为核心，因此教师有以下几个角色：

一、知识的传递者

当前，有声音指出中小学教育课程和教学中存在的问题主要源自知识传授的模式，进而主张现代教师的角色不应是知识的传递者。然而，这种观点有失公允。从根本上讲，教育和课程的本质在于知识的传递与传播，这是客观规律，不随人的主观意愿而改变。因此，在新课程体系中，知识的传授与学习依然占据核心地位，教师也必然是知识的传递者。

然而，教师角色的转变势在必行，须从"传统的知识传授者"进化为"现代知识的传授者"。传统的知识观念相对局限，其理论主张知识是人类认知的产物或精华，涵盖经验知识与理论知识。经验知识构成知识的基石，而系统的科学理论则代表知识的高峰。知识通常以概念、判断、推理、假说、预见等思维形式及其范畴体系来展现其存在。这种传统的知识观主要基于哲学的认识论，强调知识源自外部世界。然而，这种观念局限于哲学的反映论，仅关注显性和陈述性知识、无法满足现代教育教学的多元化需求。

因此，我们亟须构建一个崭新的知识观念——这一观念是由哲学与心理学研究共同构筑的广义知识观。广义知识观主张知识具有广泛性与深度，它涵盖了显性知识与隐性知识、陈述性知识、程序性知识以及策略性知识等多元化内容。

二、学习者

教师和所有人一样都是学习者。在当前知识爆炸的时代，知识更新的速度越来越快，呈几何级增长。信息时代打破了教师是知识垄断者的旧有观念，因此为了保持知识更新的先进性，教师必须持续学习。终身教育理念的发展、体制的改革使教师被放置在终身教育的体制里，教师必须成为一个学习者。作为学习者，教师学习具有自己的特点：

第一，教师的自我成人概念。和普通人不一样，教师的学习意愿具有特殊的内涵，他们要的是自由的学习，学习的选择性和工作经验相关联，在进行学习时要学会自我定向，因为教师在专业生活中是一个师者角色，这就需要教师认清自己在学习时不是一个专门的学习者，而是为了生产和做事而进行的学习。

第二，经验在教师学习中有着重要的作用。在教师的学习中，经验也是一种丰富的学习资源，教师自己的经验可以为学生的学习、同事的学习提供资源。因此，教师应该努力在学习过程中构建呈现材料和学习者已有经验的联系，从而搭建好已知和未知之间的桥梁。

第三，教师学习的定向性特征。对于教师而言，学习是为了提高自己解决现实教育教学问题的能力，在这样的视角下，教师的学习应该是教学实践中心或问题中心的学习过程，而不再是科目定向的学习活动。

新课程中教师作为学习的参与者，要参与学生对新课程的学习活动，包括课程实施前的准备性学习、课程实施中的学习，以及课程实施后的总结性学习。

三、学生的引导者

在新课程中，教师不仅是知识的传授者，还是学生学习的引导者，也就是说通过教育活动、师生交往互动，教师承担着引导学生全面发展的角色。

（一）引导学生的知识学习

以往的学习注重教授，现在则强调教学过程中学生主动学习，这就需要教师来进行引导。

首先，要营造学生主动参与自主学习的良好氛围，在学生学习过程中，教师要充分尊重与信任每一个学生，鼓励学生发表自己的意见和看法，就算有时候学生有不正确的看法，也应当以欣赏的态度对学生进行鼓励。

其次，创设学生主动参与自主学习的教学情境，要为学生提供充足的自主学习时间，给学生自主质疑的权利，还要指导学生掌握自主学习的方法。

最后，可以开展多样化的活动，促进学生自主学习。在各个学科学习过程中有各种探究活动，比如实验资料分析、小制作、小设计，等等，教师要充分利用这些活动，促进学生自主学习，给学生自由的学习权，建立积极良好的师生关系，帮助学生进行自我激励和相互激励。

（二）引导学生道德品质健康发展

良好的道德品质是一个人立足世间的根本。道德品质是由知、信、情、意、行这五个要素构成的。知是指道德认知，是对道德问题的知识或认识，任何道德认知在没有转化为行为习惯之前并不能代表一个人道德水平的高低。信是道德信念，在日常生活中，有些人言行不一，根本原因就是因为道德的认知还没有转化为信念，而只有有了信念才能从内部驱使人们产生和知识相一致的行为。情是指道德情感，研究表明，只有道德知识和情感体验产生共鸣时，道德才能够转变为一个人的精神力量。意是指道德意志，行就是指道德行为。在意志的推动下，人们才能将某种实践行为转变成习惯。学生的道德诸要素是相互作用的，是由知到行的转化，而这种转化过程不是自发形成的，需要教师的引导。教师引导学生道德品质的发展主要从以下几个方面入手：

一是引导学生学习、了解和掌握必要的道德知识。

二是引导学生关心父母、关心亲人、关心朋友、关心师长、关心同学、关心他人、关心社会、关心国家大事，把自己学到的知识和实际生活联系起来。

三是引导学生参加社会劳动和社会生活，通过实际行动为国家为人民做力所能及的事情。

四是引导学生进行社会交往活动，参加集体生活成为集体生活中的一员。

五是引导学生形成和实现内部道德心理定向。

（三）引导学生身心健康发展

教师引导学生健康发展，既包括身体上的健康成长，也包括心灵智慧的健康发展。在传统社会中，由于生产力低下，人们不得不从事劳动，而体力劳动本身就是一种身体锻炼，人的身体从体力劳动过程中得到发展，因此身体发展没有成为一种普遍的心理自觉。信息时代的来临，让人们从体力劳动中解放出来，身体发展要回归到人自身，这就要求人们要注意身体健康，掌握体育锻炼的知识技能和方法，养成体育锻炼的好习惯。在心灵方面，现代社会中压力的增多，理想人格的自觉情怀、多元文化和多元价值的不断出现，导致人们产生心理矛盾，这就需要教师引导学生保持良好的心理状态，在面临冲突的时候可以化解心理矛盾。

（四）引导学生的人生道路

中小学时期是少年儿童高速成长和发展的时期。在这个阶段，少年儿童面临着人生道路的认识、选择和定向问题。教师引导学生的人生道路主要有两方面：一是引导学生根据自己的实际条件，树立合适的人生理想和抱负。人生理想和抱负一定要结合自身，如果太高，学生经过努力无法达到，就会觉得人生是失败的；如果太低，则无法充分发挥学生的潜能，会造成能力的浪费；二是引导学生在学习过程中坚定自己实现人生理想和抱负的恒心和信心，培养自己坚韧不拔的毅力和精神。

四、课程的研制者

过去很长的一段时间内，我国基础教育中使用的是教学理论化体系，全国教学计划大纲和教材都统一，教师只是执行教学计划，依据大纲讲授课程内容。新课程改革赋予了教师课程研制的任务，要求教师主动参与课程研制。教师作为课程研制者，在研制过程中担负着以下重要的任务。

在课程规划阶段，教师要负责制定具体的课程目的和目标，挑选合适的教学资料，识别当前所具有的课程资源，确定课程范围，保证课程进度，制订教学计划，设计课堂上因材施教的途径。

在课程实施阶段，教师要依据制定的教学目的和目标，选讲课本中的重点、难点，为各个主题和单元分配合适的时间，选用合适的教学策略，等等。

在课程评价阶段，教师要确定计划是否满足课程需要，确定计划是否能满足学生的需要，对讲述的材料信息和方式进行评价，对教学效果进行评估，对学生掌握知识的情况和进步情况进行评价，等等。

五、教学的组织者

课程与教学的组织者是指教师对课程和教学计划进行设计组织和实施的专门模式行为，通过媒体设计、环境设计和教学活动设计来组织实施教学活动，将课程内容转化为学生的学习经验。

为了实现内容到经验的转化，教师的组织者角色主要表现在三个方面：一是媒体设计开发，二是环境设计开发，三是教学活动设计开发。

媒体设计开发是指教师在传统的示范板书的设计基础上，融合多媒体网络设计，把教学内容融到多媒体网络之中，研制出更多的适合多媒体网络课程的教学材料。

环境设计开发就是通过设计教室、校园等环境，影响家庭社区环境的建设，将教学内容融到环境建设之中，让青少年儿童在这样的环境中自动自发地产生学习兴趣，在教学活动中通过与环境中的条件相互作用，从而获得一定的学习经验。

教学活动设计开发就是将学生的学习方式、教师的教授方式和师生互动的方式融合在一起，形成最具有教学效能的组合。在进行教学活动选择和设计时，可以参考以下几个方面：一是教师的个人优缺点、兴趣、能力、经验；二是学生的学习需要和已有的知识水平；三是教学的目标和内容；四是周围的环境和气氛。

六、团体的领导者

新课程强调民主管理，在学校实行分散式领导，而不是说一个学校运行得好坏都只依赖校长一个人。教师和校长应该像同事一样进行合作，遵循民主信仰选择对学生进行管理，并且批判性研究自己和学校的实践活动。让教师作为中小学团体的领导者，可以给学校的发展带来新的方向，因为教师更了解学生上课的情况，更能准确地鼓励每一个学生，从而把学校打造成一个学习化社区。

实践表明，如果想让教师起到领导表率作用，那么就必须给教师实权，因此给教师赋权是全球教育界和课程改革的一个趋势。当一所学校的任务和政策的框架确定下来后，就应当放手给教师，以目标效益来要求教师进行工作，而不是以具体程序来要求他们工作。

首先，教师是团队成员。教师应当把整个学校而不仅仅是某一个班当作知识学习的场所，学校教师应当一起探讨学校里的问题，从而保证学生学习的成效最佳。教师作为团队成员有着共同的目标，学校应该留出固定的时间给教师，让他们进行教学交流。

其次，教师是师长。在中小学时期，教师是教学的领导者，他们除了是学生知识的传授者，更是学生人生道路的领路人。教师应让学生学会主动学习，创造性地思考，培养学生动脑筋的习惯。

最后，教师是学者，中小学教师是学生的良师益友，而要想做到这一点，教师必须是一名学者，教师要有广博的知识并且不断地对自己的知识库进行更新。只有这样，教师才能源源不断地为学生提供知识方面的引导。

七、教育的研究者

当前教育课程不断进行改革，学校教师面对的是一个更加多样性的世界，未知的领域越来越多，这就要求教师成为教育研究者，不断发现问题、研究问题、解决问题，从而推进自己的教学工作，不断进步。要想更好地帮助学生掌握教学课程，教师更要是一名研究者。教师开展研究主要有三个途径：一是进行系统的自学，二是研究其他教师的经验，三是通过课堂对已有的理论进行检验。

教师是教育研究者的理念主要包括：教师在教育实践中要构建教育的真理，在教育活动中教师是教育活动意义和价值建构的主体，而开展教育研究的基础是教师具有反思理性。

八、文化的创造者

在教育文化创新的过程中，教师是创新的主体，是文化创造者的角色。教师作为文化创造者，主要表现为培养学生的创造性，让学生具有优化生命活动的自我意识，构建自己生命的价值和意义，从而幸福地生活。教师要做一个有创造力、有组织能力、有活力、有热心的教师。

第五节　新课程标准下教师角色的核心原则

新课程实施要求教师树立"以学生发展为本"的新理念，这也是新课程下教师角色的核心原则——以生为本。要把学生看作有思想感情、有尊严的一个成长发展中的人，要倡导学生主动参与，乐于探究，让学生形成积极主动的学习态度，以生为本可从以下几个方面入手：

一、学生是学习的主人

（一）培养学生的兴趣

有句名言说：兴趣是最好的教师。兴趣是学生成功成才的动力和催化剂。兴趣主要是指个体对特定的事物、活动和人为对象产生的积极的带有倾向性、选择性的情绪和态度。每个人都会有自己感兴趣的事物，并且对自己感兴趣的事物有强烈的好奇心。兴趣不只是对事物表面的好奇或者关心，而是由于获得了这方面的知识而体验到情绪上的满足。要想培养学生的兴趣，需要从以下几点入手。

1. 积极寻找学生学习的兴奋点

当人们在对某一知识的学习中尝到成功的滋味，就会对学习产生兴趣。在进行课堂内容的讲授时，不仅要求学习内容本身有趣，还应当积极引导学生掌握良好的学习方法，学会解决问题。

2. 激发学生的学习兴趣

一般来说，学生学习从兴趣出发，对于感兴趣的内容会在情感上表现出来。在课上，当学生对讲课内容感兴趣时，精神会格外集中，教师要善于从学生的反馈中创设情境，通过良好的互动，提问学生，激发学生的兴趣，使学生在提问中积极思考。当学生把问题解决了，也就掌握了要学习的知识。

（二）凸显学生主体性

1. 促进学生主动学习

新课标认为教学活动必须尊重学生已有的知识与经验，倡导自主合作探究的学习方式，让学生参与教学，让课堂充满创新活力。在新课程标准下，教师的角色之一就是要引导学生主动进行思考，让学生学会提出问题，自己解决问题。教师要学会在教学过程中创设问题情境，给学生搭建学习平台，让学生自由讨论，表达自己的见解，调动学生学习的积极性和内在的潜力，培养学生成为一个有强烈求知欲和探索欲的人，成为具有科学精神的人。

2. 突出学生主体性

每个人都希望自己的才能得到充分的发展，自己的能力被别人认可。青少年更是如此，他们有着强烈的自我实现欲望，针对学生的这一心理特点，教师要准确把握学生的心理，以学生的视角为出发点，相信学生、信任学生，创设问题情境，激发学生主动参与学习，增加学生成功的体验，从而让学生由"要我学"变为"我要学"。

二、启迪学生智慧

教师的教学观是教师对教学问题的总的认识和看法，是教师对自己教育行为的指引。许多教师认为，教学是教师把知识复制给学生的过程，在这一过程中，教师是教学的主体，学生只要被动地接受知识就可以了，教学过程是以教学大纲为出发点，由教师将知识转移到学生身上。在这种教学观念的指导下，学生没有自己思考的空间，学生不被当作学习的主体，学习积极性无法被调动起来，最终结果就是学生对知识的理解和掌握程度不够。

（一）保证教学的有效性

作为教学的组织实施者，教师有什么样的教学理念，在教学时就采用什么样的策略或手段，直接关系到课堂教学能否成功。在全面推进新课改的今天，教师要转变观念，进行有效教学。有效教学是为了提高教师工作效益，强化教学过程评价和目标管理的一种现代化教学理念，是指导教师进行教学行动的信念。有效教学的理念主要包括以下几个方面：

第一，关注学生取得的进步。在教学过程中，教师要有"对象"意识，即教学对象是谁，有什么特点，教师必须确定学生的主体地位，要有"一切为了学生的发展"的思想。教师要有"全人"的概念。意思是指学生的发展是全面的发展，不是某一方面的发展，教师在教学过程中要正确认识本学科对学生的价值，不能过高地估计本学科的价值，要把科学价值定位在学生是一个完整的人的发展上。一个班有很多学生，每个学生都是不同的，不能因为学生学习成绩的好坏而进行差别化对待。教师要鼓励学生的每一个进步，让学生的信心得到增强和发展。

第二，关注教学效益。教师要有时间和效益的观念，在教学时不能简简单单跟着感觉走，也不能单纯地把"效益"理解为花最少的时间教最多的内容，而应关注在单位时间内学生学习结果的有效性。

第三，关注可测性。当教学目标明确具体时，教师才能更好地检验自己的工作效益。但根据实际情况，不能简单地说，可测性就是科学的。有效教学要综合考虑定量和定性、过程和结果，全面反映学生的学习成果和教师工作的表现。

第四，教师要具有反思精神。在教学过程中，教师要对自己的日常教学行为进行反思，不断总结经验，改进自己教学中的不足，要不断问自己三个问题："什么样的教学是有效的教学？""我的教学是有效的吗？""还有没有更好的有效教学方式？"

（二）充分发挥导学者的作用

教师在学生学习过程中起着导学者的作用。要想发挥好导学者的作用，需要教师不断掌握新方法和新策略。导学方法有很多种，教师要充分掌握并熟练运用。

第一，创境法。教师在教学过程中可以创设一定的情境，注重学科知识形成过程，让学生在特定的情感氛围中学习，从而有利于调动学生的自身经历、经验和情感，激发学生的学习兴趣，调动学生的学习积极性和主动性。

第二，设疑法。在学习的时候产生问题是求知的起点。设疑是一个重要的教学技巧，教师作为导学者一定要掌握，在课堂教学时要注重巧设悬念，引发学生的好奇心，启发学生进行思考。

第三，研讨法。在课堂教学中，学生是学习的主体，教师运用研讨法，让学生围绕某一问题进行讨论，从而充分调动学生参与课堂的积极性，学生在经历过研究主题—讨论解决问题—拓展能力的过程后，对知识会有一个更深入的了解和掌握。

三、构建平等、民主的师生关系

以往的教学多是采用单向的接受式教学，在这种教学法中，学生是被动学习的，教师讲学生被动听的教学方法忽视了学生的学习主体地位。新课程强调要树立学生的主体地位，以学生为中心，这就要求教师将学生作为一个独立的个体，尊重学生，了解学生，培养学生的自主性、独立性和创造性。在新课程标准下，要构建一种民主平等的师生关系，教师要引导学生进行自我教育、自我发展、自我管理。

（一）引导学生与文本对话，与"生命"交谈

在学习过程中，教材是一个重要的工具，它是教学内容的载体。学习和掌握教材就是为了让学生构建知识、能力、态度和情感，实现和谐发展。人类在漫长的发展过程中积累了浩瀚如烟的文化财富，而教材中的知识是经过精挑细选的，是学生走向未来必须掌握的基础知识。因此，在学习过程中，教师要重视教材，学生通过教师来理解课本知识，教师要不断引导学生与教材进行对话，深入理解教材的内容，牢牢掌握基础知识，体会教材中的思想、观念和情感。

（二）师生充分进行对话

传统教学是一种独白式的教育，主要是教师讲学生听，这种方式把学生摒弃在教学之外，追求效率，但是忽视了教育的意义。构建平等的师生关系就要在课堂上营造民主气氛，教师和学生进行充分平等的对话。教师不必再像以往那样灌输式地进行知识的分析和传授，在学生对文本中的言语进行自主领会之后，教师再对学生进行点拨、启发、暗示等，引发学生进一步深入思考，最终让学生掌握知识，了解情感和观念。

在对话过程中，教师和学生之间不是对立的关系，而是平等交流和探讨的关系，师生面对共同的话题，通过心灵的碰撞探讨得到新的东西，教师是学生式的教师，学生是教师式的学生，师生通过探讨，共同提高，从而建立平等民主的师生关系。

四、与学生是合作关系

新课程改革主要是为了促进学生的发展。在教学中教师要摒弃以"教师为中心"的传统观念和行为，要树立以学生为中心的教学观，关注学生的兴趣和经验。教师要和学生积极互动，在教学过程中师生形成合作的关系。

新课程
标准下教师角色与教师培训研究

（一）教师要转变角色

在教学过程中，教师一定要注意转变角色。要注重以学生为本，教学要建立在学生的知识、经验、认知发展水平上。教师要将学习的主动权交给学生，鼓励学生积极参加教学活动。在教学过程中，教师不是演讲者，而是学生学习的组织者、激励者、合作者。在教学过程中，要注重引导学生进行讨论交流，让学生通过自己的经历、已有的知识来获取新的知识，不断发展自己的能力。

需要注意的是，教师在教学时要认真阅读材料、理解教材，在创设情境时不能随意摆花架子，目的性要强，要激发学生的积极性和求知欲，要选取那些有特色有感情的素材来创设情境。在教学过程中，教师既要让学生学会，又要让学生会学，因此在课堂上教师要注重培养学生动手、动脑，与人合作的习惯，还要给学生留足思考的空间和时间，让学生进行充分的合作与交流，表现自己的才干，不断挖掘自己的潜力。

新课程要求改变课程实施过程中学生死记硬背机械训练的现状，注重培养学生获取新知识的能力、搜集处理信息的能力、分析解决问题的能力、交流合作的能力，等等。因此，教师要转变自己的角色，要指导学生学习思考，同时还要参与到学生学习的各个环节中，充分与学生交流沟通，了解学生的学习情况，引导学生调整学习计划，不断地实现教学目标。

（二）用正确的合作方式指导学生

新课程目标要求教师必须与其他教师、学生家长以及行政管理机构有一个良好的合作交流关系，因为在面对学生时，教师无法单独地对学生进行方法、过程、情感、价值等多方面的系统指导，必须与人合作，展开多方面的交流合作，实现经验知识的互补和信息资源的共享。

第一，成为指导学生合作学习的合作者。

在新课程下，学生的学习方式不断发生变化，这就要求教师角色也要改变。在与学生合作学习的过程中，教师由原来的传授知识向激励学生思考成为教学顾问的角色转化。教师指导学生思考时要注重交换意见，而不再是拿出现成的真理向学生灌输，教师是学生合作交流时的促进者和合作者，这就要求在平时的学习中教师要深入学生的学习生活中，了解学生的学习状况，分析学生的做法，及时发现学生的失误并进行纠正。当学生出现问题时，教师要能及时回答，当个别学生或个别小组有自己的见解时，教师要多鼓励和支持。

第二，进行集体备课。

集体备课可以实现教师交互式教学，进行教法研讨。这种模式有助于教师取长补短，集各家之长以促进教师教学和科研能力的发展，同时也有助于形成一个交流合作研究的学术氛围，将优秀教师的教学经验推广开来。

第三章

新课程标准下教师的专业发展

教师职业是最古老的职业之一，它几乎与人类文明同时存在，历史悠久。然而，在人类社会的早期阶段，教师这一职业并未形成专业化，其经验和技能相对有限。随着时间的推移，教师职业逐渐经历了由非专业向专业的转变，这一转变过程漫长而复杂。在这个过程中，教师的专业性日益凸显，并逐渐获得了社会的广泛认可。进入现代社会，教师专业化已成为全球教师专业发展的共同追求。

第一节　教师专业发展的基本理论

研究表明，在教师专业发展方面，更深层次的意义是在工业社会向信息社会转型的背景下，教师功能特征的重构。当前，教师发展被视为一个持续终身的学习过程，它要求教师在职业生涯中不断提升自我、积极面对问题并寻求解决方案。这一过程不仅体现了教师的职业理想、职业道德和职业态度，更彰显了其日益增强的社会责任感。同时，它也是教师绩效不断提升和创新发展的必经之路。发展作为一种具有明确方向性和现代性特征的矢量，其重点和针对性在于满足社会和个人的发展需求。在现代教育和课程改革的宏观背景下，教师的专业发展直接指向了更加专业化和多元化的新型教师角色。

一、教师专业发展的研究背景

原始社会为了生存和发展，家族的父母长辈、氏族和部落的酋长长辈都有责任将生产和生活的经验传给下一代。教育工作者是资深且经验丰富的工人和教师，即"长者为师"。这一时期，教育没有成为独立的社会部门和社会过程，而是与生产和劳动不分离。因此，并不存在专门从事教育的专职教师。

在原始社会结束后的奴隶社会初期，随着生产力的发展、剩余产品的出现、体力劳动和脑力劳动的分工，学校作为专门的教育机构而诞生。一旦有了学校，就会有人从事这个职业。然而，在建校后的很长一段时间里，学校的教师仍然由其他职业的人兼任。

我国古代西周时期，由于政教合一，"读书在官府"，所以学校里的教师都是官僚，即"官吏为师"。这种管理与制度相结合的教育体系不仅在奴隶社会的正式学术体系中形成并发展，而且在随后漫长的封建社会中也得以基本维持。

新课程
标准下教师角色与教师培训研究

春秋战国时期，中国出现了历史上第一位专职教师——孔子，他开创了私人学堂，并率先确立了以教书为生的专职教师职业。那时，"官学废弛，私学兴起"，师资也由"管理为师"变为"学者为师"。

在古代社会，教师主要承担德育的职能，社会赋予的价值评价主要集中在教师对社会、政治、伦理和道德教育的贡献。这些"传教士"教师通常不需要在专门的教师专业化机构接受专业化学习。长者是社会发展自然形成的，构成了古代世界长者为师、官吏为师、僧侣为师的基本特征。

我国早在20世纪初就明确提出了教师专业发展问题并进行了研究。基于国外认知心理学研究进展的教师知识、教师观念与教师监督能力研究，在专业发展心理学的基础上，北京师范大学的林崇德、沈继良等人提出了教师素质结构理论。华东师范大学的叶澜及其学生则从教育学和伦理学角度研究了教师的专业发展，并探索了专业化的理论框架。教师职业历史悠久，但专业化的概念在1960年以后才受到重视。联合国教科文组织早在1966年就提出教师应作为专门职业。然而，目前教师专业化的方向分散，主要关注权力、地位、利益等，旨在提升教师职业地位。自20世纪80年代开始，人们意识到教师是影响教育质量和改革的关键因素。提高教师专业水平是创造高质量教育的关键，而教师专业发展是实现专业化的有效途径。因此，教师专业发展备受关注，如1980年世界教育年鉴的主题就是"教师专业发展"。以美国为例，1980—1995年间，陆续发表了一系列关于教师素质的文章。比如1980年6月16日发表的一篇题为"救命！教师不会教"（*Help! Teacher can't teach*）的文章，以及复兴集团1989年出版的《新世界的教师》，1990年由霍姆斯小组出版的《明日学堂》，1995年出版的《明日之教育学院》。其中，霍姆斯小组系列报告对教师行业的革命影响最为持久。[1]

判断一个职业的专业化程度有内在和外在的标准；内部标准是指职业实践水平、员工素质、职业自律等，外部标准是指职业或员工的自主性和地位。1960年以后，人们更加关注教师专业化的外部标准，但是在20世纪80年代以后，人们转向关注教师专业发展的内部标准。

---

[1] 叶澜,白益民,王枬,等.教师角色与教师发展新探[M].北京:教育科学出版社, 2001: 206-213.

二、教师专业发展研究思路简析

教师专业发展是教师专业素质培养和发展的过程。教师专业素质发展的构成和规律研究是教师专业发展研究的主要内容。由于研究人员考察的视角和方法的差异，产生丰富多样的研究成果也就不足为奇了。学者对国内外教师专业发展的研究进行了分析，认为该领域的研究可分为两大类：对要素和规律的内部研究以及对影响专业发展因素的外部研究。其中，内部研究可分为教师专业发展内部结构要素研究、教师专业发展阶段研究和教师专业发展类型研究三类。教师专业发展内部结构要素研究是指从教师专业的需求和特点出发，对专业内在结构要素进行概括和真实分析。教师专业发展是一项丰富而复杂的系统工程。研究如此复杂、个性化的系统工程，首先要明确调查的具体维度。也是研究者分析和研究专业结构要素的起点。当然，研究教师的特点不仅仅是研究专业教师开发者的专利。这种观点自古就有人考虑过。目前研究人员主要从教师职业基本素质的角度进行规范和重视。它是教师的职业道德和教师的个人道德。随着对教师专业素质的要求逐渐提高，教师专业结构的内涵日益丰富，人们对教师的知识和专业能力的关注也越来越深。这说明人们对知识的理解有一个不断分化的过程，也反映了教师对教学能力要求不断提高的过程。

教师专业发展阶段研究是从动态和实践的角度考察教师专业发展的过程。由于教师专业发展过程涉及的内外部因素丰富而复杂，大多数研究者以某一要素为线索对教师专业发展的阶段进行分类，如以教师取向的变化为常态，以教师的职业年龄为规范，以教师的心理发展水平为规范，以社会对教师的认可为规范。

一些研究人员还尝试结合各种分类标准来全面描述教师专业发展的过程。专业发展研究是指对教师群体的分类。教师根据其专业素质或发展轨迹被划分为不同的发展类型。例如，人们通过教师培养方式的差异区分教师的类型，关注不同教师的专业发展路径，如能力型教师和理论教师之间的差异。这类研究还包括对理想教师发展模式的研究，该模式以教师专业发展的某个方面为突破口，融合了教师的各种专业素质，如技能熟练型教师、实践反思型教师以及教学研究型教师。

三、教师专业发展理论概述

（一）终身教育理论简述

终身教育是指人在不同成长时期所接受的各类教育的总和。它包括青春期的学校教育和成年期的社会教育、学术正规教育和职业专业化教育、社会经验和其他非正规教育。终身教育表示以最佳方式提供教育，此时每个人都需要获得必要的知识和技能的补充。

终身教育的特点：

（1）终身学习作为终身教育的核心特征，突破了传统正规学校教育的局限，强调教育是一个持续终身、不断深化的学习过程。在此过程中，个体一生中涉猎的各类学习活动均可被视为教育的组成部分。

（2）全民教育。无论性别、年龄、种族、贫富状况，社会中的每个人都有权接受教育。在当今社会，人与人之间的竞争日趋激烈，因此，为了在这场竞争中取得胜利，必须坚定不移地致力于学习，积极拥抱终身教育的理念。这对于现代社会中的每一个人而言，都是一个全新而具有挑战性的课题。

（3）综合专业化。继续教育是一个综合过程，涵盖社会、学校及家庭教育等多元化领域。简言之，其贯穿于人类成长的各个阶段，是所有教育的总和。此种教育形式极大地丰富了学习的内涵，为整个教育事业注入了新的活力与动力。

（4）教学的实用性和灵活性。人们可依据个人需求，自主选择多元化的教学模式，教育工作者亦可在任意时刻、任意地点进行专业知识与技能的深造。教学内容、时间、地点及方法均可独立设定，以确保教学的灵活性与个性化。

终身教育始于一个人的生命之初，结束于一个人生命的尽头。换言之，教育不仅延伸至青春期，而且延伸至终身。中国古语"活到老，学到老"就是对这一理论最清晰的表述。

（二）终身教育理论对教师专业化的启示

高校作为国家和社会人才培养的重要基地，肩负着培养各领域优秀人才的使命。在这一过程中，教师扮演着至关重要的角色。他们不仅是知识的传播者，更是学生终身学习的榜样。为了确保学生能够适应时代、国家和社会的发展需要，教师必须注重知识的整合与不断更新。

为了提升教学质量，教师应深刻认识到继续教育和终身学习的重要性，并积极参与教师专业化发展。若教师忽视对现有知识的更新，将导致知识陈旧、观念老化，从而影响教学质量。长期下去，这种以过时知识教育学生的做法将严重阻碍学生的个人发展和国家的未来。

因此，应高度重视师资专业化，并致力于提高教学的时效性。只有这样才能确保高校培养出的人才具备竞争力，为国家和社会的发展做出积极贡献。

四、教师专业化理论

（一）教师专业化理论述评

教师专业化通常是指教师通过职业生涯中的常规专业化和教育，逐渐成为教育专业人士。

实施教师专业化需要具备以下四个条件：建立教师资格制度、加强教师教育实践、规范教师专业化、发展职业学科的教师教育和研究机会。

（二）教师专业化理论的覆盖

教师专业化是我国教育改革发展的必然趋势，它不仅是一种理论和理念，更是一种具有实践意义的制度。这一制度涵盖了教师专业特色及相关管理制度的多个方面，旨在促进教师专业发展和提高我国教师教育质量。随着教师专业水平和综合素质的不断提升，我国教育事业将实现更加全面、协调和可持续的发展。

教师终身教育与专业发展体系亟待强化与优化。教师应致力于在专业知识方面实现深度专业化，并紧随时代发展的步伐，不断更新教学理念，从而提升高校教师整体的专业化水平。同时，还应审慎制定或修订相关政策和措施，以支撑并保障这一进程的顺利进行。

五、教师职业理论

（一）教师职业生涯发展

教师的职业生涯是指教师在其从业期间所经历的所有与职业相关的行为、活动及持续发展的过程，涵盖相应的态度、价值观、抱负等内在要素。在追求职业理想的征途中，外国学者福勒与布朗依据教师在不同发展阶段的主要关注点与需求，将教师的职业生涯划分为三大阶段，即生存阶段、成长阶段与专业阶段。

（二）教师职业理论教育对教师的启示

随着社会日新月异的发展，现代人所承受的压力亦日益加剧，其中，职业发展的现状已成为不可忽视的重要压力源。

在当前教育领域竞争激烈的环境下，教师对于实现个人专业发展目标的渴望与日俱增。面对这样的形势，中小学在教师职业生涯管理方面肩负着重要责任。为了有效推进教师的职业发展，学校需要深入了解每位教师的具体需求，并认识到他们之间的差异。在教师专业发展的不同阶段，学校应制定相应的课程和实施策略，确保教师的个人发展愿景与学校组织需求相契合。

为了拓宽教师的发展渠道，学校应积极提供多元化的学习机会，如客座学习、出国留学、学者交流等。此外，与其他中小学建立合作关系，共同助力教师克服专业挑战，也是不可或缺的一环。

在推动教师发展的过程中，中小学还需注重营造和谐的人际环境，以满足教师自我实现的心理需求。通过开发与研究，学校可以创造有利于教师成长的条件，促进他们不断提升教育教学能力，实现个人和学校的共同发展。

为了推动教师的专业成长，中小学应当在不同的教师发展阶段采取相应措施。学校应合理调配教师的教学任务和工作量，确保他们能够有足够的时间和精力进行教学研究与实践。在教学内容的设计上，学校应当结合教师的实际情况，选择适合的教学模式，以提高教学效果。特别是在教师成长的初期阶段，学校应充分利用其内部资源，为教师提供职前培训以及基础专业化发展的机会，为他们的职业生涯奠定坚实的基础。在教师职业生涯的中期阶段，随着教师在理论和实践教学方面积累的经验日益丰富，教学制度应当逐步适应并采纳导师主导的教学模式。在这种模式下，资深且教学水平更高的教师可以发挥引领作用，为处于发展中期的教师提供指导和支持，确保他们在教学工作中沿着正确的方向前行。在教师职业生涯的后期，学校必须采取适当的措施及时了解教师的心理状态，使他们有更多的时间进行研究，相应地减少在课堂上的小时数或改变他们的角色，培养青年教师作为指导教师，使他们有更大的成就感和认同感，体现学校对他们多年贡献的认可和感谢。

六、教师专业理论建设的主要问题

（一）教师专业发展与自身经验

教师的专业发展，无论是在职前专业化期间还是在职专业化期间，都应在与学校日常生活相关的教育实践框架内进行，并随着教学方式的变化而进行调整。密切联系教育实践是教师专业发展的主要载体，改变教育教学实践、提高教学质量、促进学生健康成长是教师专业发展的目标。

教师的专业发展离不开实践的磨砺，实践是其成长的基石和动力源泉。创新则是推动这一发展的核心要素。然而，实践中的创新意识具有超越性，它不仅仅是对现有教学方法和策略的改良，更是对未来教育发展趋势的探索和预见。因此，培养教师的创新意识和实践能力，就是鼓励教师在自己的教育实践中不断反思和完善教育理念和教学方法，从而推动教育的不断进步和发展。

（二）教师专业发展与思想教育

教师作为教育实践的核心，其理想与行动深深扎根于教育界的期望与挑战之中，而这些实践中的疑虑与难题正是教育哲学需深思的内容。遗憾的是，传统教育理论常将这些关键问题抽象化，导致理论与实践的脱节。教师的专业发展正是将这些深层次的教育问题从学术殿堂引入现实生活的桥梁，让理论研究回归实践土壤。教师在实践中积极探寻教育的真谛，不仅能增强中小学教师的教育使命感，还能锻炼其理论思维能力，使他们对教育的本质、存在与发展有更为深刻的认识。这种认识的深化，正是教师个人创新与职业成长的重要基石。

长期以来，教师的教育思想往往受限于外部条件，缺乏主动性与创造性，导致其主观精神在教育观念的更新中未能得到充分的发展与提升。因此，新课程下教师的角色定位及专业化进程往往只停留在理论层面或形式化表达上。为了真正推动教师的专业发展，需要构建一个积极的环境，鼓励教师主动探索教育的内涵，从实践者的角度深入反思和解决元教育问题。这样的环境将成为教师发展的坚实起点，助力他们不断提升专业素养，实现真正的教育创新。

（三）教师专业发展与文化构建

教师的专业发展与文化紧密相连，其中两种文化尤为关键：大学文化与中小学文化。大学文化在奠定教师的文化基础、深化专业知识的掌握、理解教学理论以及先进教育理念等方面发挥着不可或缺的作用。然而，这种文化往往与教师日常的工作环境存在时空上的距离，因此，尽管其意义重大，却不能完全替代中小学文化。

中小学文化，作为师生学校生活经验的积淀与总结，同样受到高度的重视。教师的专业发展离不开这两种文化的交融。为了实现这种交融，大学与中小学教师之间应建立伙伴关系，开展平等的交流与对话，共同面对教育挑战，携手探索前行，合作共建充满活力的教师教育文化。这种文化应由大学师生与中小学教师共同创造，它将在教育文化的创新过程中促进师生双方的共同发展，实现相互间的双向激活。换言之，教师的专业发展应置于这种教学文化的核心位置，从而推动教育事业的持续进步。

（四）教师专业发展与研究态度

研究态度和能力是个体创新精神的集中展现，彰显了个体的主体性和主动性，是个人成长的关键途径。在时代不断进步、教师角色深刻变革的背景下，缺乏反思的学习和不开展研究的教育已无法适应未来社会的需求。同样，脱离实践的研究也难以应对时代的挑战。因此，专业研究人员重返实践一线，研究重心回归中小学教师群体，已成为时代发展的必然趋势。在这两次"回归"的过程中，大学教授与中小学教师得以汇聚一堂，开展深入的对话与交流，这无疑是一个极其宝贵的机会。

教师的研究过程本质上是一个持续学习的旅程，而学习始终是一个社会性的互动过程。终身学习应被确立为教师研究的核心。中小学与大学应共同为教师提供终身学习的环境与资源，构建一个面向教师开放的学习共同体，让教师在不断地学习与研究中实现自我成长与专业发展。

（五）教师专业发展与教育评价

教师的专业发展深植于制度文化之中，不仅是教师教育改革的核心领域，更伴随着阶段性的特点。在这一进程中，专业成长占据着中心地位，其发展的阶段与速度需由完善的体系来保障。教育评价作为这一体系的重要组成部分，旨在通过提供成绩反馈与激励，促进教师教育质量的提升。制定科学合理的评价标准，是评估教师专业发展的基石；而建立权威且具有公信力的考核主体，则是教师专业发展得以顺利推进的有力保障。如此，教师的专业发展方能在制度的护航下稳步前行，实现教育质量的持续提升。

第二节 教师专业发展的内涵

一、教师专业发展的含义

从哲学的角度来看，发展是指事物从小到大、由简单到复杂、从低到高、从旧到新的运动和变化的过程。发展不仅要关注事物本身，还要关注影响事物的外在因素。教师专业发展从构词上有两层含义："教师专业发展"和教师"专业发展"。前者主要涉及教师职业和教师教育模式的历史演变；后者强调教师从非专业到专业的发展过程。基于目前我国对教师专业发展概念的界定，体现了两种不同的理念和观点：一是着眼于外部的、相互关联的系统，旨在促进教师专业发展和专业成熟的教育和观点。二是着眼于教师专业化的内部结构、专业规范和意识形成的理论基础。这两种认知与思维过程密切相关，但也表现出"合"而不同的特征。它们包含同一研究目标内的不同领域和概念类别，甚至研究方法和逻辑也有很大的不同。但从以往的研究来看，研究者大多坚持第二种认知观点，因此问题和争议也比较集中。

就地位而言，专业化可以动态地和静态地进行解释。从动态的角度来看，专业化是指一个正规职业在一段时间内的动态发展过程，逐渐符合该专业的特点，成为一个专门化的专业。从静态的角度看，专业化是指职业性格和发展的状况和水平，是指职业发展的静态程度或专业化的结果。当一个职业在性质上具有专业意义并具有该职业的某些特征时，通常被称为"半专业"或"准专业"，这意味着该专业的实际专业化程度不够，仍然需要通过专业化过程进行改进。

从内容上看，专业化可以有条件地分为两个方面：群体专业化，旨在提高整体的专业职业地位和社会地位；个体专业化，旨在提高执业人员专业生产力和服务质量。其中，个体专业化是群体专业化的基础和决定性因素。换句话说，如果不提高和发展员工的个人专业水平，整个专业群体的专业化是根本不可能的。相反，群体专业化是个体专业化的发展和社会认可的一种形式，最终代表一种专业化，同时又反过来影响着个体专业化的进程和水平。

专业化的条件主要包括：专业知识和技能体系的形成，职业教育和职业资格认证制度的引入，职业道德的规范化和职业组织的建立。由于不同的逻辑结构和研究选择方法，教师专业发展概念的定义有不同的表述。有学者认为："教师专业发展是教师专业成长或教师内部专业结构不断更新、演化和丰富的过程。"在学习阶段以及在职场的整个学习过程中，要不断学习和研究，不断培养自己的专业基调，逐步达到专业成熟的水平。将教师专业发展的内涵与教师内部专业结构发展进行比较，可以看到一些共同的特点：一是都强调教师专业发展要素的内生性和自我意识；二是都强调基于教师专业发展过程的理解阶段和教师动态；三是都承认教师专业发展状态的不确定性，但表达上也存在一些不足，如教师专业发展的时代，教育观念、价值观和兴趣的变化等，没有充分考虑。

1950年，英国、美国等国家率先提出了旨在提高教师社会地位的教师专业化概念。1955年，召开了世界教师专业组织会议，讨论了教师专业化问题和促进教师专业组织形成的问题。1966年，国际劳工组织和联合国教科文组织提出了关于教师地位的建议。第一份白皮书解释了教师的专业化，并建议教育应该被视为一种专业职业，还需要对其管辖范围内的学生的教育和福祉具有个人和共同的责任感。近年来，联合国教科文组织有关总结教育改革成功经验的研究报告明确指出，教师是教育改革成功与否的关键决定因素之一，因此，世界各地的教育改革都将教师的专业发展视为教育改革的关键问题。学校理论的进步、社会各界对学校教育的更高期望，也有助于提高对教师专业化和教师教育问题的认识。

此外，鉴于长期以来对教师职业化和专业化的质疑，近年来，世界各国均致力于提升教师的职业化水平，甚至掀起了一股教师职业化的运动。这场运动源于20世纪60、70年代教师职业与其他职业的对比分析，旨在强调教师职业的独立地位及其提升，以及教师在教育普及和发展中的重要作用。1980年，人们开始更多地关注"教师发展"或"教师专业发展"的问题。时至今日，无论是西方国家还是中国，教师的专业水平仍有待进一步提高。因此，教师教育的发展方向应聚焦于加速教师专业化进程，提升教师的专业意识和能力。为实现这一目标，深入研究教师的专业发展显得尤为迫切和重要。

我国正处于一个全新时代的开端，随着社会制度变迁、多元文化和思想观念的冲突与融合、知识和信息的不断变化、人才素质结构的调整，教育规模和效益日益增长。教师在教育系统中的地位使角色和责任受到前所未有的冲击和挑战，传统的师德公信力不断受到挑战。为了适应时代发展要求，教师必须积极转变教育观念和自身角色，引入开放教育、民主教育、环境教育等大教育理念，不断强化和壮大自身的文化成果和专业技能，尤其是在教与学的实践中，要有反思意识和行动探索。这些调整和改进包括教育信念、内在动机、专业知识、专业能力、专业态度和规范等，是教师专业发展的主要内容。关于教师的专业发展，虽然校外的教师专业化是主要渠道，但其主要动力来自教师的专业意识和主动性。

基于以上分析，研究者认为，所谓教师专业发展，是指以教师的专业意识为动力，以教师的教育为实现专业知识动态发展的主要辅助途径。教师的专业发展不同于教师的专业化，教师专业化更多是从社会学的角度来看的，它强调一批教师的外在专业水平的提高；教师的专业成长主要从生态和生活的角度来看待。从小到大、从弱到强、从幼稚到成熟的变化过程，不仅包括自然生命的成长，也包括人生命的成长；教师的专业发展更多地与教学法以及个人固有的专业水平有关。事实上，教师专业化是教师个体职业不断发展变化的过程，也是教师专业素质不断提高的过程。教师要成为成熟的专业人士，需要通过终身学习，拓宽专业途径，提高专业水平，达到专业成熟。[①]

在当前的社会和教育环境中，教师的专业发展正在发生。从"技术熟练"到"实践反思"，从"显性知识"到"隐性知识"，教师专业发展的本质不仅仅是获得教学法、强制性科学知识和教育实践。从合理应用的角度看，这是在解决复杂的教育教学情境过程中形成的实践理解的发展，即教师个体积极的、内在的专业成长成为当前专业发展的关键问题。事实上，教师的专业发展是个体社会化的过程。它是经历丰富的人经过多年的教师教育而逐步专业化的过程，也是一个长期交流的过程。它不仅包括在职教育和不断适应教师角色的过程，还涵盖了与教师角色相关的一些认知、情境和行为的变化，以及与各种社会动机不断互动的过程。在这个过程中，个别教师通过自己的经历逐渐发展和验证他们作为教师的角色，并继续认同他们目前所从事的教师职业。由此可以看出，在当前形势下，以"从事实际活动的人""人的教师"为基础的教师地位的争夺，遇到了社会外部调节者与教师之间的矛盾。在不断认识自我的过程中，合理认识内外部条件才是促进教师专业发展的真正途径。

二、教师专业发展的特征

（一）自主性

教师专业自主是教师专业发展的前提和基础。教师应在课程设计、规划和教学活动、教材选择等方面享有完全的自主权。教师必须在自身

[①] 张典兵，王作亮. 教师专业发展[M]. 徐州：中国矿业大学出版社，2017：6.

专业成长的过程中，将外部影响转化为驱动力，要有自主专业成长的意识。教师自主专业成长意识可以增强教师对自身专业成长的责任感，让教师有机会不断寻求自我发展的机会，逐步获得自我发展的能力。教师专业发展应通过各种相互关联的系统激发教师的自我控制、自我调节和自我发展。

（二）情境性

美国有学者曾指出，教师角色的最终创造必须发生在教育教学环境中。教师的大部分知识和能力来自个人对教育教学的经验和认识。教师要不断反思自己的教育教学理念和行为，不断自我调节和建设，才能实现专业的持续成长。不仅如此，由于教育教学形势的不确定性和问题，决定了教师的专业成长应与教育教学实践密切相关，也应与教育教学形势密切相关，并与家长、专家、其他教师建立良好的合作关系。在学校形成一种互助合作的文化氛围更能促进教师的专业发展。

（三）多样性

教学工作的复杂性决定了教师专业队伍的复杂性和多样性，进而决定了教师专业发展的复杂性和多样性。教师的工作包括监督学生、创造学习情境、组织教育教学活动、教育学生、评估学生学习成绩等多种活动。教师的专业发展反映在这些不同的活动中。教学不仅是学习知识和技能，更重要的是师生之间的情感交流、精神交流和智慧的碰撞。在教师的专业发展中，不仅要关注教育教学知识和技能的发展，还要关注认知、情感、性格等方面的成长。

（四）阶段性

教师专业发展的过程呈现出明显的阶段性。在这个过程中，不仅有发展和进步，也有停滞甚至是退步。研究教师专业发展的阶段将有助于教师选择和定义他们的个人职业规划和成长目标。对此，国内外科学家提出了教师专业发展各个阶段的各种理论。教师的专业发展正在进行中，教师只有通过终身学习和研究，才能促进其专业发展，以终身学习为基本理念，确保教育教学知识和职业机会满足时代需要和教育教学需要。

三、教师专业发展的"四要素"说

教师专业发展"四要素"涵盖教师专业知识、专业技能、职业道德和职业情感四个方面的综合提升。具体而言，教师专业知识指教师应具备的科学文化知识体系，涵盖基础人文知识、自然科学知识、特定学科知识和学科知识等。教师专业技能则指教师在教育教学过程中，运用专业知识和经验完成教研任务的综合能力。教师职业道德则体现教师在职业生涯中坚守的职业价值观、行为准则和行为规范。职业情感则是教师在职业活动中表现出的情绪和态度。教师专业发展，亦称为教师发展或教师专业成长，是教育领域备受关注的研究课题。为了切实推动在校学生的全面发展，教师的专业发展显得尤为重要；同时，确立教师专业角色的地位也离不开教师的专业发展。

教师在教育实践中的主观参与是教师发展的根本动力。胜任力是人类各个领域的专家以不同于常人的方式思考和解决问题的能力，以及他们所表现出的杰出的职业行为。首先，专长是有效解决问题的能力，是在人的专业实践中形成的；其次，专长是一个领域的能力，不同领域的活动需要不同专业知识、教师的形成和发展；最后，经验是可以证明的杰出的职业行为。因此，面对同样的问题和任务，专家会比普通人应对得更快更好。

教学是一项专业活动。作为专业人士，教师专业发展的核心是他们知识的形成和发展。促进教师专业发展是一项旨在不断提高教师教学素质的活动。

要成为特定领域的专家，需要在特定领域长期学习和不断实践。医学、国际象棋、历史、物理、音乐等领域的研究证实了所谓的"十年法则"，即任何专业活动领域的初学者都需要至少10年的工作经验和大量学习，通过实践经验成为专家，这是形成教学技能的必要条件。由于教育任务的复杂性，培养教学经验甚至需要10多年的时间。没有大量的课堂教学实践，就很难发展成为一名经验丰富的教师。在学习过程中，学生也具有主体性，师生相互理解成为人类主体性教育维度中不可忽视的特征。马克思深刻指出，物质生产实践是人与人类社会起源、存在和发展的基石，是最基础、最原始的历史活动。他揭示了人的物质生产实践不仅关乎主客体关系，更深刻地反映了人的社会本质。在这一过程中，人与人、人与物的世界紧密相连，构成了一个复杂的交互网络。主体间的交往关系作为物质实践过程中的内在纽带，实现了主客体与主体关系的历史辩证统一。因此，人的主体性和发展必须在主体与主体的社会互动中得以实现。对于现代教师而言，专业发展意味着其主体意识和创新精神的不断提升，以及对师生关系重要性的深刻认识。

责任感在这一过程中扮演着至关重要的角色。缺乏责任感的教师可能会表现出任性和盲目性，只有真正树立起责任感，教师的主体性才能得以完善，进而为自身发展开辟更广阔的空间。发展是一个相互联系的过程，必须在社会的大背景下理解人类发展。在教育实践中，师生发展是相辅相成、互利共赢的。教师发展的真正意义在于其对学生发展的促进作用。在实际教学中，教与学是共同发展的过程，学生随着教师的成长而进步，教师也在学生的成长中不断完善自我。教师的职业情感是其专业素养的重要组成部分，它体现了教师对专业的真实感受和对工作的热爱。这种情感主要包括热爱学生、对教师职业的认识以及追求自身发展。人们对教师的赞誉，如"人类灵魂的工程师""蜡烛"等，都反映了社会对教师的崇高期望。因此，教师必须清醒认识到自己的职业责任和使命，努力提升专业水平，倾注职业情感，具备高度的道德感和使命感，为学生的成长负责，体验教育职业的人生价值和生命意义。

与"四要素"相对应的教师专业发展的基本内容如表 3-1 所示。[1]

表 3-1　与"四要素"相对应的教师专业发展的基本内容

要素	指标	基本内容
专业知识	学科专业知识	1. 学科专业知识精深，把握学科本质和学科思想与方法
	学科教研知识	2. 能指导教师落实课标，能够示范教学的新理念和新设想
		3. 根据内容和学生实际，指导教师创设情境、选择教学策略
	教师教育知识	4. 明确教师需求和组织需求，构建学校联盟特色学科和教师教育课程

---

[1] 初向伦.学校联盟：教师专业发展的新路径[M].长春：吉林大学出版社.2018：1.

续表

要素	指标	基本内容
	课程知识	5. 能够规划组织学校联盟研修,并有针对性指导和引领
		6. 理解学科课程的育人价值,能够把握教材编写意图,组织教学
专业技能	课程建设与资源开发	7. 能参与制定联盟学校课程方案,指导课程开发与实施
		8. 能根据学科课堂教学需求,带团队建设联盟学校课程教学资源
	教学研究与指导改进能力	9. 能以多种形式调研教学现状,科学诊断课堂教学并精确指导
		10. 能聚焦学科教学关键问题,带领团队研讨并在实践中改进
	质量评价与分析反馈能力	11. 制定学科学业评价的方案,研制学科评价工具并实施评价
		12. 基于大数据的分析和反馈,给联盟学校和教师提出改进的建议
	教育教学科研能力	13. 能洞察学科教学存在的问题,形成课题,用研究的方式解决问题
		14. 能组织教学改革实验研究,善于发现并总结推广优秀的成果
职业道德	学习规划意识	15. 树立正确的人生观和价值观,教育教学理念先进
		16. 理解岗位内涵职责,以提升学校联盟教育教学质量为己任
		17. 合理规划职业发展,不断学习,顺应教育教学需要
职业情感	尊重和热爱	18. 热爱学生和学科,不断提升教育境界
		19. 遵循规律,尊重差异
		20. 牢固树立服务意识,为学校、教师和学生的发展服务

　　教师专业发展的四个要素是教师整体认知结构中知识、技能、道德、情感认知在教师整体认知结构中的外在表现。根据认知传播心理学理论,外界环境的刺激经过思维和认知加工,以迫使主体产生适当的反

应，这就是主体的行为和实践活动。因此，当教师的工作环境不断对他们形成外在的刺激时，这些刺激通过他们的思维和认知结构的加工，最终在他们的行为中体现出专业水平。在教师的主观意识中，新的思想和知识正在形成。这个过程是教师专业知识、专业技能、职业道德和职业情感的动态变化过程。

四、教师专业化的特点

作为一种职业，教师也经历了从分化到发展为独立且专业化的演变过程。教师职业随着人类社会的形成而产生，是人类社会古老而永恒的职业之一。在古代长期的历史发展中，人们并不认为教育活动是一种专门的职业，因此，没有专门的机构和专门的制度来指导和规范教育活动，这导致了学校"长者为师""僧侣为师""官吏为师"等现象普遍存在，而非通过专门的机构来教授教学知识和技能。在古代，任何有知识的人都可以成为教师。随着社会生产力的提高和人类文化知识经验越来越丰富，学校教育规模不断扩大，类型更加多样化，内容更加丰富。尤其是义务教育的实施，客观上需要大量合格的教师。传统的"徒弟"教师培养模式已远远不能满足现代教育的发展需要。因此，出现了专门的培训设施和教育体系。专业性最基本的特征是入职前的专业培训。师范学校的出现标志着教师培养从实践向专业的历史性转变，标志着教师职业化的开始。虽然早期的师范教育缺乏现代教育学理论的支持，但独立教师培训不仅为基础教育提供了大量师资，而且有助于提高师范教育质量。20 世纪以后，随着各国义务教育的普遍扩大、中等教育的快速发展、教学改革的不断深入和职业教育的快速发展，客观上要求教师教育的人数逐渐增加。教师培训类型的种类、教师培训的水平和质量都显著提高。师范教育开始从低层次走向高层次，从一类扩展到几类。师范教育体系的多元化、灵活性和开放性，以及教师的高等教育，逐步提高了教师的专业化水平，教师职业成为专业化的职业。教师专业化意味着：

首先，教师专业包括学科专业和教育专业。国家制定了教师的学术标准，以及所需的教育知识、教育能力和职业道德要求；

其次，国家有专门的师资专业化机构，特殊教育的内容和措施；国家有认证制度教师资格管理制度；

最后，教师专业化发展是一个持续的过程，教师专业化也是一种发展理念，是一种状态，还是一个不断深化的过程。

（一）教师专业化具有丰富的内涵

当前，教师专业化不仅注重提高教师职业的教育宗旨、职业专业化、职业权威、职业组织和职业地位，更注重教师人格特质的发展；不仅注重提高教师的专业性，更注重提高教育的专业性；不仅注重教师在教与学过程中对规律和科学性的认识，更注重提高教师的艺术创作水平。教师职业是双重职业。它要求教师既是学科知识的专家，又是学科知识和教育知识的专家；他们必须同时具备教学科目的学术标准和教育科目的知识能力。优秀的教师不仅要有深厚的学术基础、广阔的学术视野、不断更新的知识和突破学术界限的意识，还要具备教育技能，了解青少年发展规律，懂得教什么、怎么教，掌握现代信息技术，要懂得如何照顾学生并对他们负责。

（二）教师个体专业化是教师专业化的基础

教师个体专业化是教师专业化的基础，也是教师专业化的决定性因素。没有教师个体专业水平的提高，没有个体教师专业的成长和发展，就根本谈不上教师专业化。教师只有真正获得学生、家长和社会各界人士的信任和接纳，才能真正实现教师的专业发展。不论一个职业能不能称为职业，都不能只在职业内自称。这是由其自身性质决定的，与达到的发展水平密切相关。第45届国际教育大会指出，"专业化是提高教师地位和工作条件的一种战略。"这意味着教师个体的专业发展不仅关乎教师自身发展，也关乎教师职业发展。

（三）教师专业化是一个多主体共同努力的过程

教师专业化不仅需要教师自身的努力，也需要国家和学校的共同努力。具体来说，有以下几个方面：

1. 提升教师教育专业化水平，促进教师专业化发展

大学通过提高教师教育的专业化，为教师的专业发展作出贡献。学

校通过创建和实施科学有效的教师课程体系，确保教师素养是学科与教育、学术与教学、学科专业知识和教育专业知识的统一，从而实现学科与教育的真正融合。同时，可以协助根据《教师专业发展法》组织在职教学的内容和方法，促进教师的终身学习和发展。

2. 建立健全资格制度，推进教师职业的专业化

政府建立健全教师专业化资格认证制度，建立健全教师教育认证、教师课程认证、教师资格认证等资格认证制度，为教师专业化提供制度保障。

师资专业化机构认证是指由全国师范教育机构审查委员会对师资、场所、实习基地等师资专业化机构资质进行审核、认定，具备资质的人员方可通过认证。

教师教育课程认证是指国家通过制定教师课程标准而设立的教师教育课程审查委员会，对教师教育机构开设的教师教育课程进行资格审查，包括课程结构、课程内容、教材、教学方法等。

教师资格证的获得需要通过专设的教师教育专业课程，向国家申请教师资格。只有通过资格认证并取得教师资格证书的，才有资格从事教育教学工作。

教师资格认证制度是有效保障师资队伍素质、维护专业声誉、建立专业公信力的重要举措。但是，要使教师评价制度生效，必须以政府的名义通过政府措施。这就需要政府制定这项措施，更好地体现教师的专业特点，体现教师的专业要求，真正起到政策引导作用，维护教师的专业地位。

3. 为教师专业化发展创建良好的内外部环境

国家通过加大教育投入，提高教师的社会地位和经济效益，为教师专业发展创造良好的内外部条件。

由于教育是改善民生的主要公益性事业，这就决定了师资专业化机构——从常规高校到中小学以及教师的工作都具有一定的公益性质。因此，无论是师范高校还是中小学校等，改善办学条件、提高教师工资福利都必须依靠投资和政府支持。只有改善师范院校的工作条件，才能提高师资培养质量；只有改善中小学工作条件，提高教师工资，才能吸引和稳定优秀人才参与教育。

第三节　新课程标准下教师的专业素养

随着世界各国基础教育改革的不断推进，教师的专业素质和教师教育问题也越来越受到关注。回顾国内外教师教育的发展历程，可以清晰地看到，从最初的"师资队伍建设"到后来的"教师专业化"，再到今天的"教师专业化发展"和"专业化成长"的教师，其重点强调教师的个人和内在素养，体现了从注重群体到注重个人，从强调外在到支持内生的转变。教师专业发展既是教师在教育教学实践中丰富专业知识、提高专业技能的过程，也是教师不断强化职业理想、培养职业道德、升华职业感情的过程。事实上，教师专业素养的发展不是由外部制度和标准来衡量的，而是由教师发展水平和总体发展水平决定的。随着我国不断深化基础教育改革和新课程改革，教师在职业哲学、职业道德、职业知识、职业能力和职业心理等方面面临着各种挑战。教师要应对这些新的挑战就必须加强教学，深入学习和研究，更好地实现专业素养发展。

一、教师专业知识结构的基本构成

（一）专业学科知识

专业学科知识是教师专业知识结构的最核心、最重要和最实用的组成部分，包括学科知识和学科教学知识。舒尔曼认为，除了学科知识和一般教学知识外，教师还应在教学中发展另一种新知识，即学科教学。因为教师不仅要对一个特定的概念或原则有自己的正确理解，还需要学习如何正确地向学生展示这些概念和原则。这种包括学科内容及其易学性，是具体内容和教学法的混合体，是教师的独特领域和专业理解的特殊形式，代表了学科知识在教学中的独特应用。结合部分学者的研究，学科教学知识包含以下内涵：

（1）学科教学知识是向特定学习者有效呈现和解释特定内容的知识，是教师知道如何以学生容易理解的方式处理和传达他们所知道的学科内容的知识。

（2）学科教学知识是与某一学科相关的知识，不同于一般教学方法的知识和教育目标。

（3）学科教学知识是指在特定学科中用于教授该学科知识的独特知识。

（4）学科教学知识的发展是一个不断积累的过程。它不是随着学科知识和一般教学知识的获得而自然获得的；在很大程度上，是个别教师在其学科和教育过程的特定领域内不断整合和创新各方面知识的结果。

（5）学科教学知识是学科知识与一般教学知识的有机结合。它是区分教师与学科专家和教学专家的知识类型，是教师独有的知识类型。

（6）学科教学知识表现在：教师在加工、转化、表达和教授学科内容时，需要批判性地反思和解释将要教授的学科内容，需要使用不同的方法（例如类比、比喻、例子、提问、演示等）；在表征一门学科的内容时，需要根据学生的能力、性别、先验知识和先前的概念等来选择和分配不同的材料。

（二）普通文化知识

一方面，教育工作的对象是需要继续教育的人，因此强调教育工作特点的"人性化"，强调教师对一般文化知识的掌握。在拉丁语中，"文化"一词的本义是"培养"。今天，广义的文化可以理解成为一个包罗万象的概念，体现在教师应具备的一般文化知识中，就要求教师必须具备哲学、社会学、自然科学等方面的知识，不仅要"博大精深""有见识"，更要培养个人人文素养，成为"有教养的人"。

另一方面，教师的职责之一是传授知识。因此，教师不仅要精通某一学科，还要有丰富的知识储备，以便能够做到以下几点：

（1）满足每个学生多方面的研究兴趣和多方面的发展需求；

（2）帮助学生了解多彩的客观世界；

（3）帮助自己更好地理解学科知识；

(4)帮助自己更好地理解教育学科的知识。例如，学习教育哲学需要思想哲学、伦理学、社会智慧、认识论等学科知识；

(5)提高在学生和家长中的威信。教师越博学，他在家长和学生心目中的威信就越高。

(三)教育科学知识

教学是一种教人的专业工作。仅仅知道一门学科的知识并不一定能使其成为该学科的好教师，擅长学习的人不一定会是好教师。教师必须成功地发挥他的作用。一个好教师，不仅要对所教科目有足够的了解，还要储备丰富的教育科学知识。在教育学领域，中国学者林崇德等人指出，教师的专业知识构成应包括实践性知识、条件性知识、文化知识以及本体性知识，这些方面共同构成了教师知识体系的基石。另一位中国学者叶澜则进一步阐释了教师知识结构的层次性，他认为教师的知识基础应分为三个层次：最基础的层次是现代科学和人文学科的基本知识，以及专业所需的工具科目和扎实的技能基础；第二层次是一两门学科的专业知识和技能，以及教师必备的教学工作基本知识；最高层次是教育学科知识，包括帮助教师理解教育对象、指导教育教学活动以及进行教育研究的专业知识。这种分层的知识结构为教师的专业成长和教育教学提供了坚实的理论支撑。

我国知名青年学者白益民经过深入研究，提出了教师知识结构的五大部分。他认为，一个全面的教师知识结构应包括专业学科知识、一般文化知识、学科方法论知识、一般方法论知识以及个人实践知识。这五个部分共同构成了教师知识体系的完整框架。关于人类成长和发展的知识也很"容易"，这些知识对于确保教师有效地执行他们的专业工作大有帮助。教师的教学知识包括两个方面：[①]

一方面是教师必须掌握的一般教学知识。其中包括教育基础理论、科学基础理论、德育教育学、教育学、教育心理学、中外教育史、教育研究方法、学校管理以及现代教育技术知识等广泛领域。这些知识的积累和运用有助于教师深入理解教育教学的本质和规律，提升教学质量和效果。

[①] 余文森，连榕. 教师专业发展[M]. 福建：福建教育出版社，2015：63.

另一方面是教师需要掌握的学科教学方法。它涵盖了学科课程理论、教材教法等多个方面，需要教师综合运用教育学、心理学以及学科知识针对学生特点和学生的学习水平进行因材施教。

教育活动是一种充满了人文精神的创造性活动，其独特性质表现在它是一个不断深化和持续的探索过程。这个过程与艺术创作或发明有着本质的不同，它要求教育者不仅要具备广博的人文知识，还需对文化、社会和历史的演变有深入的理解和洞察力。此外，鉴于现代科技的迅速发展，学科间的交叉融合，以及学校课程的全面更新，教师需要不断拓展自己的知识领域，以适应这些变化。同时，面对年轻学生对知识的热切追求，教师需要展现出广博的知识面和深厚的文化底蕴，以满足学生多元化的学习需求和探究兴趣。只有这样，教师才能有效地促进学生的全面发展，帮助他们建立起坚实的知识基础，引导他们健康成长。在未来的教育领域，对教师进行的通识教育应当涵盖文理科的广泛学术内容。此举旨在培养教师在文理科领域内的全面学术技能，使他们能够在任何一个领域内自信地履行全职教师的职责，甚至在与专业教授进行对话时，也能够展现出一定程度的学术自信。这种学术自信对教师而言至关重要，不论是小学教师教授算术、简单的科学还是社会科学，他们都应当对自己的学科领域有清晰的认识和前瞻性的理解。这样的教育准备将确保教师能够为学生提供全面而深入的学习体验，进一步推动教育质量的提升。

大量事实表明，现代学生不喜欢知识面窄、观念陈旧、生活单调、老套的教师，而喜欢知识渊博、博大精深、多才多艺的教师。因为教师的知识、兴趣、特长丰富，会展现出自身个人力量的丰富性，对学生的发展产生巨大的影响，使教师成为学生学习的榜样。我国知名的教育学权威程武进教授强调，教师在教育学生过程中的角色远不只限于课堂内的教学。学生在日常生活遇到的各种问题也同样需要教师的个别指导和支持。实际上，教师掌握的知识越广泛且深入，他们在教育和教学活动中就越能发挥出色的作用。因此，拥有广泛的文化和科学知识、深刻的人文关怀以及严格的科学方法，是教师必须具备的基本品质，也是他们有效开展教育教学活动的关键基础。

（四）实践性知识

教师的实践性知识指的是教师在日常教学活动和实际教育情境中，通过亲身体验、反思和情感体悟所积累的知识。这种知识让教师能够洞察和理解自己的教育实践和经验的深层含义，它不仅源于教师个人的生活经验和天赋，也包括他们对教育教学过程的深刻见解，以及对教育教学理论的理解。实践性知识影响并指导教师的教学行为，帮助他们基于过去的经验进行未来规划，并更好地理解当前的行动。这种知识具有鲜明的实践特性和社会环境特征，是经验性和个性化的。它包括对学习者的学习方式、兴趣、需求、优势和困难的深入了解，以及对教学策略和课堂技能的掌握。此外，教师还需要理解学校的社会结构、学校所在的社会环境的影响，以及儿童成长、学习和社会理论等领域的理论知识。实践性知识被融入每位教师的个人价值观和信仰中，专注于他们的真实教学情境，成为他们行动和决策的重要基础。

总的来说，教师的实践知识具有不同于理论知识的鲜明特征：个体性、实用性、复杂性、缄默性和保守性。

二、教师的个体知识

（一）教师的教育信念

教师的教育信念，具体表现为对教育目的、学生教育需求、"好"教育的定义与实施评价，以及教师职业态度与教学方法有效性的深刻理解。这些信念，作为教师个人价值观的核心组成部分，常常在无意识中支配着教师的行为。这些信念的形成主要受到教师个人生活经历和学习经历的影响，同时也在一定程度上受到外部教育理论的影响。学习是一种有目的地提高人的活动。作为此类活动的开展者，教师必须对人与人的本性有基本的认识，对学生的发展和教学活动的开展有自己的理解和假设。教师以这种理解、假设和实践智慧进行教学活动。此外，为了使教学更有效，教师需要分析和学习其他教师的经验。用于分析教学实践的各种方法通常涉及一系列关于他们将要做什么、他们的工作情况以及他们试图实现的结果的信念。这些信念应该或多或少是一致和系统的。这些信念越一致和系统，它们就越像一个理论图式。从某种意义上说，信念是一种理论图式。这个理论图式同时也是一个重要的元素。教师信仰和实践的理论是基于他们对教育的信仰和对日常学习行为的感知。我们认为，教师的信仰源于对生命意义的理解，植根于自己的教学认知，由高层次的行为指导构成个人教学思想或理论。虽然这些个人和内在的教学思想或理论不一定是完整的科学理论，但从解释学的角度来看，它们并非毫无用处。

（二）教师的自我职业形象

教师的自我职业形象，包括自尊、自学效率和自律。这种知识主要体现在教师对自身职业价值的反思，包括自身特点（性格、气质、能力等）和教学风格；对自己教学效果的认知；以及他们是否能从错误中吸取教训并及时调整自己的态度和行为。教师的自我职业形象是影响教师职业动机的重要因素。

（三）教师的人际沟通知识

教师的人际沟通知识涵盖了对学生、同事、家长及管理层的人际感知和交流策略。与学生建立的关系显示出深层的个性化特征：教师不只是知识的传递者，还将自我理念融入教学之中。因此，在与学生的互动中，教师会个性化地展现对某些交往准则（例如，公平性、正义感、恰当性、和谐性）的领悟。此外，教师在与同事交流、向家长传递信息以及与学校管理者沟通时所展示的人际沟通知识同样重要。

三、教师的背景性知识

（一）教师的反思性知识

教师的反思性知识主要表现在教师日常的自觉行动中。所谓"反思"，就是深思熟虑，包括教师对自身行为的原因、过程、方法、效果、价值和归因分析的反思。从其思维内容来看，属于元认知层次；从思维方式方面上看，是结构性和逻辑性思维。

（二）教师的策略性知识

教师的策略性知识涉及教学过程中采用的多样化行为策略。这种知识涵盖了教师对课程内容、教学方法和理论的深刻理解，以及如何将这些教学知识综合运用于实践中的战略。教师在特定情境下采取的教学策略，为其决策提供了基础。这类知识是通过将理论知识与实践经验相结合，并在教师的认知框架中理论化这些经验来形成的。它通常以场景的形式出现，与教师的视觉思维密切相关，被认为是策略性的知识。

（三）教师的情境知识

教师的情境知识主要体现在他们应对教学情境的技巧上。涉及教师在需要迅速判断和作出决定时展现的直觉能力。这种能力源自教师对具体情境的敏锐感知（能根据情境的微小变化调整行为原则）、思维的敏捷、认知的精准、对学生的感知，以及行动的适应性。它并非通过缓慢的逻辑推理过程获得，也不是基于简单的感知或无意识反应，而是基于教师的直觉、创造力、洞察力和即兴想象力，能够即时洞察事物的真谛。这种知识反映了教师依赖直觉的思考模式。

无论是教师的背景性知识还是教师的个人知识，都尽量在教师教育教学的实践层面去理解。因为在教师的教育和教学工作中，在教师自己的脑海中，有一种"教育理论"影响着教师的实践过程。这样的教育理论体系主要体现在个人的各种教育信念上，而这些信念最终又体现在个人的行为上。在实践中，教师面临着复杂多变的情况，需要他们立即做出反应。这个答案与其说是在教师所学的理论知识中找到依据，不如说是找到一个按照自己的教育信念行事的人。可见，教师的行为以实践知识为主。

四、教师专业发展的教学素养

教师发展是一项系统工程，它包括信息素养、创新素养、跨学科素养、媒体素养、社会参与和贡献素养，以及自我管理素养等基本的教师素养。

（一）信息素养

我们正处于信息技术高速发展的时代，信息量呈爆发式增长。研究指出，每隔18个月，新增的信息量就相当于人类历史上所有信息之和。因此，仅凭"传统真理"和"专业经验"已无法满足教育需求或提升教学效果。当代学生处于信息流不断的环境中，他们处理信息的能力往往超过教师。对于教师而言，融入信息社会，提升信息素养是培养教学技能的关键。

信息素养这一概念由美国图书馆协会于1989年提出，目前已广为人知。对教师而言，信息素养的关键体现在：愿意吸收新信息，主动从生活中探索和学习新知；能够管理和控制学习过程中的信息，做到智能识别、分析并恰当排序；具备灵活处理信息的能力，精准选择或排除信息；知道如何有效利用信息表达观点，并乐于分享不同见解或资讯。

（二）创新素养

美国心理学家托兰斯的研究揭示了教师创新动机与学生创造性写作能力之间存在正向联系。研究表明教师的创新水平直接影响学生创新能力的发展。如果教师不持续创新自己的教育和学习方法，学生的创新潜力就难以充分发挥。这意味着教师需要从仅仅传授和复制知识的传统方法转变，不应将知识的分析和讲解视为教学的唯一目标。相反，教育和教学应被视为一个不断创新的过程，其中每个学习活动的设计都是创造性实践的一部分。

教师创新素养的核心体现在多个方面。首先，他们敢于直面学与教中的种种挑战，展现出强烈的好奇心和丰富的想象力。其次，他们始终将学生置于创新的核心位置，尊重并充分激发学生的创造性主体性，让他们在智慧学习中自由发挥。再者，教师对学生的失败表现出高度的宽容和理解，鼓励他们勇于承担风险，为他们创造一个充满激励和支持的创新学习环境。同时，教师将教育和教学过程视为一个不断积极学习、反思、改变和更新的创新过程，他们致力于为学生提供充足的创新时间和空间，激发他们的创新动力，培养并挖掘他们的创新潜能。最后，教师自身也始终保持创新精神，将每一次教学视为一个充满创意的设计和实施过程，从而不断提升自己的教学水平和质量。

（三）跨学科素养

在促进学生全面发展的过程中，教师不仅要传授单一学科的知识，更要引导学生理解并把握不同学科间的内在联系。随着自然科学和社会科学的进步，学科的交叉与融合已成为重要趋势。社会实践和日常生活亦表明，问题的解决往往依赖于多学科的综合分析与讨论。因此，教师需不断提升自身的跨学科素养，不仅要精通自己的专业领域，还需有意识地增强跨学科方面的能力。同时，教师应认识到，生活的方方面面（如时事政治、经济发展、科技进步等）均与所教授的知识紧密相关，因此必须积极吸收相关知识，深入研究学科间的联系、交叉与渗透。

（四）媒体素养

随着媒体技术的发展，教师个人空间和公共空间之间的界限越来越模糊，个体行为与公共行为之间的距离也逐渐缩短。因此，提升教师的媒体素养显得尤为重要。教师的媒体素养涉及对媒体的理解、评价和应用的态度和能力。这不仅包括面对不同媒体信息时的选择、理解、提问和评价能力，也涵盖了对媒体本身的理解和运用能力。

提升媒体素养关键在于跨领域知识的累积和教学经验的综合应用，包括深入理解不同媒介的特点、正确诠释多元信息，并利用恰当的判断力。同时，培养批判性思维和对媒介信息的处理能力也至关重要。此外，妥善识别并应对错误信息，以及在教育和学习中有效利用媒介资源，是提高教师媒体素养的核心组成部分。

（五）社会参与和贡献素养

在当前国家治理和现代化进程中，教师的角色正在发生重要转变。过去，教师可能将自己的活动范围限定在校园之内，对政府和社会事务保持一定距离，有时甚至对社会中存在的问题选择性忽视，将它们视为政府官员的责任。然而，随着社会对教育工作者的期望升高，教师正被鼓励扩大他们的视野，不仅仅局限于教室内的教学活动。

教师由于其独特的身份和掌握的知识，有机会成为促进公众参与社会事务的领导者。他们被期望能积极参与政府和社会事务，通过自己的行动和言论，在社会参与中展现个人价值。这不仅意味着教师需要关心并参与到解决社会弊端和政府事务中，也意味着他们需要在社会责任感的驱动下利用自身的知识和资源优势，为社会的进步和发展作出贡献。

（六）自我管理素养

在当今教育环境中，教师面临着前所未有的挑战和误解，同时，随着他们专业水平的提高，能够指导他们的领导或专家人数相对减少，这使得外部激励机制显得相对不足。在这样的背景下，教师的自我管理能力显得尤为重要。这不仅包括自我激励和自我约束的能力，还包括对自身职业发展的自我管理。教师的这些能力直接影响他们的专业成长和教学效果。自我管理主要涉及教师的自主学习和自我约束能力，即通过内在动力而非外部压力（如领导监督或专家指导）来引导自己的行为。这种自管理的本质在于，教师明确知晓自己的职责所在，具备主动采取有效行动的能力。简言之，这意味着教师知道该做什么，并且可以采取有效的行动。

自我管理中的教师素养包括丰富的信息，如管理目标，确定他们的努力方向并继续朝着该方向前进；时间管理，可以对任务进行优先级排序，对时间做出大致安排，不会耽误工作的问题；沟通管理，将各种沟通行为模式很好地适应于各种沟通对象，捕捉影响沟通的征兆、早期和细小事物并且能够控制它们。

第四章

教师培训概述

　　21世纪是全球一体化和信息化飞速发展的时代，知识量不断地飞涨。身处不断发展、信息喷涌的时代，教师必须不断学习，提高自己的能力和教学水平。而当代学生，具有和以往时代的学生不同的特点，这就需要加强教师培训，促进教师个体发展。

第一节 教师培训的内涵

一、教师教育与教师培训的内涵

教师教育包含教师培养和教师进修两种职能,是职前教育和职后教育两种教育的综合概念。教师教育体现了终身教育的思想,体现了教师教育的连续性特点。教师教育的一个重要特点就是连续性特征。

教师培训是教师教育的一个重要组成部分,狭义的教师培训指在职培训,是为了弥补教师当前能力水平与环境需要的差距进行的一种再学习。教师培训的主要目标是适应当前时代发展的需要,通过培训可以使教师的专业技能、教学水平、知识水平和人格发展得到进一步的提升。对学校来说,也可以使学校教师队伍的整体素质得到提升,同时提升学校的竞争实力,教师培训是政府教育机构和学校的共同责任。

二、教师培训的功能

教师培训在教师专业化发展中有着重要的作用,主要体现在以下几个方面:

(一)教师培训可以促进教师个体发展

教师的职业生涯有很长的时间,从获得入职资格到教学工作岗位,再到职后发展再到专家型教师,每个阶段都有着自己的学习特点。教师培训就是为教师不同阶段的成长提供服务和支持,使教师能够在自身发展过程中获得必要的专业知识和专业技能。

（二）教师培训可以促进学校组织发展

学校的发展基石在于人力资源，其中教师是核心要素。教师培训是一项关键性投资，为学校储备和培育高价值的智力资源提供坚实保障。教师的职前培训旨在确保学校人力资源的质量，有效规避招聘不合格教师的风险。入职培训则是新教师岗位适应的关键环节，有助于他们迅速融入学校环境，满足岗位需求。此外，教师的在职培训则持续推动其专业能力的发展，为学校的教育教学注入新的活力。

（三）教师培训可以推进教育改革和发展

在现代教育事业中，改革与发展始终占据核心地位，而教师则是推动这一进程的关键因素。教育改革旨在通过持续的创新与变革，实现教育领域的理想状态。若教师未能充分理解教育改革的核心理念与目标，可能会产生抵触情绪，导致改革难以落地实施。因此，教师培训显得尤为重要。通过系统的培训，教师能够深刻领悟教育改革的宏大愿景，并积极投身实践，成为改革的坚实力量，推动教育事业的持续进步。

（四）教师培训可以促进社会人力资源的开发

教育和培训是人力资本最重要的投资，其中教师培训在教育改革和发展中有着先导性的作用，具有人力资本投资的双重价值教育培训：教师培训既是对社会特定专业人群——教师进行人力资源开发的资本投资，又是对国家实现从人口大国向人力资源强国转变的一个重要措施——发展基础教育的人力资本投资。

总的来说，以上四点是教师培训的正向功能，主要体现的是对教师个人和社会组织发展的作用，但这种正向的作用发挥是需要一定的条件的，教师培训还存在着负向功能，比如当前教师培训存在着效率低的问题等。

三、影响教师培训的主要因素

教师培训是促进新课程基础教育改革的重要因素，也是提高中小学教师队伍素质的重要路径。教师培训活动受到各个因素的制约，从宏观角度看，有制约教师继续教育发展的传统因素，也有教育改革自身特点带来的挑战。从微观角度看，影响教师培训质量的关键性因素主要有以下几个（图4-1）。

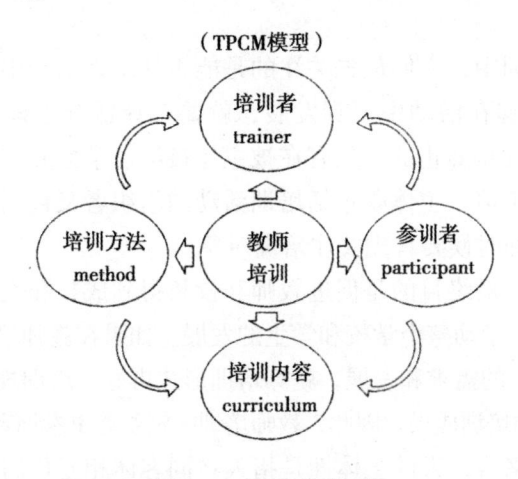

图4-1 TPCM模型

（一）培训者

培训活动的组织者——培训者，是影响教师培训的各个要素中的灵魂。培训活动是由人来策划组织实施的，人在培训活动中和各个要素都有密切的关系，作为组织者，他要考虑培训的各个方面：培训对象是谁，培训目的是什么，要提供哪些培训内容，开展培训的实施条件，等等。

在培训过程中，培训活动的组织者可以是个人，也可以是团队。但无论是个体还是团队，都需要根据自身的因素选择合适的活动方法与活动内容。对活动的各个影响要素，组织者应理性把握，扬长避短。

随着现代教育理念、成人学习理论等各个方面的发展，教师培训在理念、内容、方式、方法等方面也不断改革，因此，培训者的角色也有了很大的变化，在今天，培训者在教师培训中不再是传统意义上的信息提供者，也不再是上级行政命令的"二传手"。在现代教师培训中，培训者更是一个组织者、设计者、引领者，在教育教学改革中培训者又更多地表现为中小学教师实施新课程的协作者与合作者，培训者和中小学教师一起在新课程中得到学习，得到提高，这就对培训者提出了更高的素质方面的要求。

（二）参训者

在成人培训中，人们最先关注的是能否从培训活动中有所收益。为了让参训者能够在活动中得到发展，就要选择适合于该群体的培训方法，但方法本身是静止的，只有在被主体接纳、掌握并实施时，才能够体现出方法的价值。主体既包括培训活动的组织者又包括培训对象，因此在进行培训的时候要首先关注培训对象。

教师培训的最终目的是促进教师和校长得到成长和发展，之后，再通过教师和校长带动整个学校和学生的发展。如果在教师培训的时候，没有关注到参训者的需求和发展，就算培训形式再好，培训规模再大，也无法取得实质性的培训成果。因此，教师培训一定要尊重参训者的主体性。

从根本上来看，人的主体性是指人在同客体相互作用中表现出来的能动性、自主性和创造性。在进行教师培训时，坚持参训者主体性就是要重视教师在培训过程和学习活动中的自觉性、自主性和创造性。在培训时要以参训者为中心，促进参训者交流、反思、考察、观摩，在这个过程中可以创新出许多新知识，从而使参训者成为知识和文化的创造者。

（三）培训内容

培训内容也即培训课程，是指用什么来培训教师。长时间以来，教师培训活动目标和内容的确立一般有两个思路，一个是学科本位，另一个是问题本位。学科本位通常是从教师专业学科的学理出发确定教师培训的主题，以教师掌握专业知识为目标。问题本位是以现实问题为出发点，以解决教师在教育教学实践过程中遇到的困惑和问题为目标。

中小学教师培训项目要适应成人学习的方式，因此在进行教师培训时，要注意构建新的学习环境，精心为参训者提供机会，将新的知识体现在教师以往的经验当中。当今社会，政治、经济、文化飞速发展，基础教育也面临全面转型，学校、教师要面对很多的挑战，学生的个性特点使教师面临的困惑和问题越来越多，因此需要在教师培训时以实践问题为中心。

（四）培训方法

方法支持培训模式实现，它是操作程序，无法具有灵活性、具体性和创新性。在教师培训活动中，人们积累了许多具体方法，为了让培训活动能真正帮助教师提高自己的教学水平和能力，组织者需要首先了解各种培训方法，理解每一种方法的使用范围和使用价值。

方法是多种多样的，为了让参训者从整体上容易把握，需要对方法进行分类，如果说培训是一种活动，那么按照活动过程分类，可以将方法分为活动起始的方法、活动展开的方法、活动结束的方法三个大类。

当培训内容从科学中心向问题中心转化，培训主体从培训者中心向参训者中心转化，培训方式也需要发生改革，由以前的听专家报告、听领导讲话、听学者阐释转变为探究式、参与式、讨论式，等等。

四、教师培训的主要内容

教师培训是为了促进教师队伍专业化的发展，帮助教师解决实际中的问题，因此在培训内容上应该关注教师在专业知识、技能、能力、态度等方面的缺失，同时要引导教师行为发生变化（图4-2）。

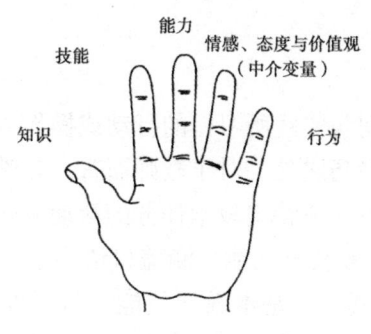

图4-2 教师培训内容五要素[1]

---

① 余新.教师培训师专业修炼[M].北京：教育科学出版社，2012：54.

（一）知识

知识作为一个整体架构，涵盖了概念、定义、原则、方法和公式等诸多元素，它代表着人类对已知事物和过程的深刻理解与总结。在发展中国家的教育体系中，由于教师的文化素养普遍较低，因此知识的传递和普及成为教师培训的主要内容。在20世纪80年代的西方发达国家，随着教师专业化运动的兴起，学者们开始深入探讨教师应该具备的知识基础，以及教师培训中应当重点关注的核心知识内容。

美国舒尔曼教授提出，为满足教学需求，教师应掌握七类知识：首先是学科专业知识，其次是通用教学方法知识，再次是特定学科教学法知识，还有课程规划知识、学生特性理解知识、教育环境知识，以及教育目的和宗旨。舒尔曼教授特别强调，前三种知识构成了教师职业教育培训的核心基础，同时也是专家型教师不可或缺的知识架构。

教师培训项目在实践过程中，必须审慎考虑多个关键因素。首先，必须明确培训的核心知识点，确保所选内容既符合教师职业发展的需要，又能有效提升其教学能力。其次，要选择适当的教学方法，确保新旧知识之间的逻辑性和连贯性，使参训者能够顺利理解和吸收。此外，培训内容与参训者已有经验的结合也至关重要，这有助于增强知识的实用性和可操作性。最后，必须评估培训知识对参训者实际工作的改善价值，确保培训效果能够真正转化为教学质量的提升。

综上所述，教师培训项目在实践中的成功实施离不开对这些重要内容的全面考虑和精心规划。

（二）技能

技能是通过时间与实践所习得的行动或操作方式，其核心体现为执行任务的熟练度与精巧之处。对于教师而言，教学技能是指其运用自身专业知识与经验，以完成特定教学任务的活动方式。此等技能可细分为四个层次：其一，一般教学技能，涵盖口语表达、观察、体态语言、书写及朗读等能力；其二，基本教学技能，包括导入新课、提问策略、讲解方法、强化手段及变化应用等；其三，综合教学技能，涉及课堂组织、学生指导、灵活应变及教学评价等能力；其四，教学技巧与风格，展现教师的教学个性与艺术。在我国，教师的技能培训至关重要，通常通过展示教学基本功、微格教学等多种方式进行锤炼与提升。

（三）能力

能力是个体心理特性中能够保障顺利完成某项活动的组成部分，其中包括一般能力，如观察力、想象力、判断力等，以及针对特定职业的专业能力。对于教师而言，其能力特指在教育教学工作中，能够有效应对和解决教学问题的综合能力。这种能力是教师知识、技能和态度的综合体现，对于提升教学质量和效果具有至关重要的作用。

教师能力可以分为不同的类别。从教学论的理论逻辑来分，教学能力包括以下四个方面：一是教学设计能力；二是教学实施能力；三是教学评价能力；四是教学改进能力。从教师专业发展的实践逻辑来看，教学能力主要包括五个方面：一是备课能力；二是说课能力；三是上课能力；四是讲课能力；五是评议课能力。

对教师培训来说，最重要的是要弥补教师当前能力与岗位要求之间的差距。培训者需要明确，哪些能力对教师改进工作是最重要的，也要知道哪些能力是在当前的培训条件下可以帮助参训者掌握的。

（四）态度、情感与价值观

教师培训不仅要关注教师知识技能和能力的提升，还需深入探究培训如何影响并改变教师的行为模式。教师的行为转变除了知识技能和能力，还受到态度、情感和价值观等中介变量的深刻影响。

态度，是基于个体的道德观和价值观对事物做出的评价和行为倾向。在教学实践中，教师的态度对学生的成长至关重要。工作态度是否积极对于工作成功与否起到决定性作用。即使教师拥有渊博的知识和出色的能力，若缺乏积极的工作态度，也难以取得理想的工作成果。因此，态度培训旨在解决教师的"意愿"问题，引导教师正确认知自身的社会角色，理解并遵循职业道德规范，与学生建立和谐的师生关系，与同事团结合作，有效应对工作压力和生存环境危机，学会自我调节，积极面对教学中的问题和挑战。

情感培训则聚焦于解决教师"爱"的问题，帮助教师认识到情感教育的价值和意义，掌握情感教育的方法，为教师在情感教育方面的工作习惯和能力培养提供必要的支持。

价值观培训主要是为了解决教师"魂"的问题，帮助教师养成正确的价值观念，激励教师的价值信念，丰富教师的价值情感，培养教师的价值理性，使教师能够把教学观念融入自己的日常生活和工作，形成优秀的价值品质。

教师培训中，态度、情感与价值观的培养至关重要。在规划相关培训活动时需重点考虑是采取独立培训的形式，还是将这些要素巧妙融入各学科知识技能和能力培训中。

（五）行为

行为培训涵盖两大核心内容：其一，培训期间的行为塑造与活动指引；其二，培训结束后对工作行为的持续追踪与指导。从培训成效的角度出发，最关注的是教师行为的变化。通过培训，教师不仅积累了知识、技能和能力，更在积极的态度、情感和价值观的驱动下将这些成果转化为实际教学中的行为表现。这种转化应体现在对学生的学习进步、同行教师的成长以及学校组织改革的积极促进上。

如果没有行为培训，在培训中只会出现心灵的激荡，比如说"感动""激动"，但这种情感如果不化为实际行动，是达不到培训的效果的，甚至会白培训一场，浪费大量时间、人力、物力、财力等资源。

教师培训的五大内容，每一个单独起的作用都有限，它们就像手指，只有紧紧地合在一起才能有效地解决教师教学工作中出现的问题。

五、教师培训的原则

（一）时效性原则

本质上来看，教师培训是为了促进教师的学习，提升教师的能力，无论是从投资组织方还是学习者的角度来看，都需要考虑在时间、经费、精力方面的投入带来的效果和收益。从属性上来看，教师培训属于智力投资，在计算成本时，不仅要考虑可以明确计算出的成本，还要考虑机会成本。在进行培训产出评价时，要从多层次的学习效果和长期潜在发展的因素等方面进行评价。

贯彻时效性原则，在实施教师培训时要从以下三个方面入手：

第一，培训师要明确树立教师培训的绩效意识，要预测一下培训可以实现的目标有哪些，能解决的问题价值有多大，为相关的利益者带来的收益是什么。

第二，培训师要掌握教师培训的核心技术，主要包括培训项目的研发能力，培训质量的监督管理办法，培训课程的开发设计，培训方法的综合运用，等等。

第三，通过追踪指导绩效评估等培训后的持续性服务，帮助教师实现知识、技能、能力向行为的转化。

（二）针对性原则

"实效性"要以"针对性"为前提，只有教师培训做到针对需要培训的教师的特定学习需求，才能保证教师培训的实效性。这些特定需求表现是多种多样的，可能是知识、技能、能力的某一方面，也可能是综合方面。贯彻针对性原则需要从以下两个方面入手。

第一，教师培训要把握需要教师学习需求的差异性，可以从以下几个方面来把握：把握好教师不同专业发展阶段的差异性，比如教师在新手期、成熟期和发展期的需求是不一样的；把握好不同学科教学领域内的需求差异；把握好不同区域内教师学习差异，比如农村与城市，少数民族聚居地和普通地区等；把握好不同类型学校教师学习需求的差异，比如小学、初中、高中等。

第二，不同时期的教育问题焦点、重点和难点不同，教师培训需要满足当时社会、政府和其他教育消费者对教师专业发展的要求。因此，在进行教师培训时要通过设立明确的培训项目因材施教，以便解决当时的特定问题。

（三）以人为本原则

以人为本就是尊重人的需求，教师培训要以教师个体学习需要为出发点，以教师的工作经验和生活经验为切入点，激发教师学员的内在学习动机，充分发展他们的学习潜能和积极学习的态度，帮助教师树立自觉学习的习惯，使教师能够自主终身学习。

贯彻以人为本原则要从以下几个方面入手：

第一，充分掌握教师成人学习的规律，认识教师学习的自主性，在培训过程中发挥教师在学习中的自我导向作用。

第二，注重教师培训的实践性，在培训过程中要注意实践环节的加强，要提高教师解决问题的能力，避免培训灌输过多的知识。

第三，要认识到，作为学习者，每个教师的水平经验、专业背景和工作环境都是不同的，因此在培训过程中要注意引导教师进行交流，避免一言堂。

第四，要认识到，教师有多种社会角色，他们担着学校、家庭和社会的责任，常常有各种压力，在培训时要提供便捷使用和有效的培训服务，此外还要注意人文关怀。

（四）创新性原则

教师培训是教师专业化发展的一个路径，要注重在实际工作中的知识积累和创新。

当今社会，知识更新日新月异，在不断变化的教育改革中，以往的教学经验无法满足实际的需求，因此要贯彻创新性原则，把教师培训当作一个专门的领域进行知识进行创新，通过对知识加工、经验积累、工作反思、专业研究等方式，为教师提供智力来源。

（五）发展性原则

发展性原则主要体现在以下三个方面：

一是教师培训要兼顾个体和组织二者发展的双重目标。培训要促进教师提高工作效率，促进学生和学校组织的发展，进而促进教育发展和社会进步。

二是教师培训既要满足教师解决当前岗位工作问题的需要，也要着眼于未来可持续性发展的需要，为教师的终身学习和专业化成长服务。

三是教师培训师也要注重自身的专业化和可持续性发展。如果培训师不能与时俱进，那么也无法引领教师成长和发展。

贯彻发展性原则，要以可持续发展理念为指导，走教师培训专业化道路。要在把握学科发展规律的基础上，研究教师专业化发展的规律，深入了解教师培训理论、培训政策和培训实践，推进系统化研究，促进教师培训专业化。

第二节 我国教师培训的理论基础

教师培训从本质上看是一种教育学习活动，只有掌握学习原理，遵循认知规律，教师培训活动才能够产生良好的效果。除此之外，还要借鉴国外的优秀经验。

一、学习心理学

学习心理学主要是研究人的学习心理规律，为教师培训提供理论基础，当前关于学习心理学的理论影响比较大的主要有目标理论、需求理论、期望理论和强化理论。

（一）目标理论

目标理论主要包括两方面内容，分别是目标设定理论和目标导向理论。

目标设定理论认为，一个人的行为方式主要是由他的目标和意图来决定的。一个人的目标会引导他分配自己的精力和注意力，只有确定目标，才能激发一个人的潜力，让人们变得积极主动。只有人们主动积极、全心全意地为目标而努力，目标才能实现。目标设定理论对教师培训的启示是：在培训的时候要给学员提供一个可以实现的、富有挑战性的目标，这个目标要具体、可测评，这样的目标可以促进学员主动学习。

目标导向理论认为，在教育培训中学习者可以分为两种类型，一种是以知识为导向，一种是以绩效为导向。以知识为导向的学习者认为真正的培训应该是提高自身的素质和能力,在培训过程中培训者应关注学习者是怎样学习的,而不是关注学习者的绩效。以绩效为导向的学习者认为,要想培训取得成功,要关注学习者学习的更高绩效,而不是学习本身。目标导向会影响学习者在学习中投入的精力多少,以及学习者的学习动力大小。

（二）需求理论

马斯洛提出,个体成长发展的内在驱动力源自其动机,而动机由多种性质各异的需求所构成。这些需求在层次和顺序上呈现出明显的差异,每一层次的满足都反映了个体人格发展的不同阶段。据此,马斯洛将人的需求划分为五个层次,依次为生理需求、安全需求、社交需求、尊重需求以及自我实现需求。

教师培训的过程就是马斯洛需求层次中获得尊重需要和完成自我实现需要的一个过程,当教师的基本需要得到满足之后,就会希望受到学生、家长和社会的尊重,有一个比较好的社会地位,并且希望有所成就,得到他人的肯定。教师培训就是在教师基本需求得到满足后,不断提升教师能力的一个过程。通过教师培训可以让教师解决问题的能力得到进一步的提升,获得本学科发展的前沿资讯,既可以在教学上给教师以启发,也可以让教师实现自我发展。由此来看,马斯洛需求层次理论为教师培训提供了扎实的理论基础。

需求理论给教师培训带来的启示是：第一,为了激发教师参加培训、主动学习,培训师要了解参训者的需求,使培训内容和这些需求保持一致。第二,培训师要为参训者提供更多的培训项目和课程选择。第三,参训者在很多情况下不知道自己要什么,培训师要研究开发培训项目,引导和激发参训者的学习需求。

（三）期望理论

期望理论认为,一个人的行为基于三个要素,分别是行为预期、实现手段和效价。行为预期是指相信完成某一行为的意图和实际结果之间有关的想法。实现手段是指执行一定的行为和特定成果之间存在的联系。效价是指对成果的评价。

期望理论给教师培训带来的启示是，有效培训可能在以下情况发生：参训者相信自己能够完成培训项目的内容，也就是有一定的行为预期；培训的项目和自己教学工作的改进、专业的发展、能力的提高有关，也就是说要有实现手段；参训者认为这些成果是有价值的，也就是说有效价。

（四）强化理论

强化理论认为，人们受到激励去实施或避免某一行为，是由这些行为过去导致的结果所决定的。正强化是对满意行为结果的加强，负强化是对不好结果的避免。

强化理论给教师培训带来的启示是：为了让参加训练的教师提升知识，改变过去不好的行为或调整一些心智模式，培训师要知道参训者认为哪些成果是正向成果，哪些是负向成果，在此基础上，培训师把参训者希望得到的结果和培训目标连接起来。教师参加培训能够得到什么好的效果，如提升工作能力、解决教学问题、职位提升，等等。培训师在设计培训课程时，要充分考虑参训者掌握这些内容后有什么好的结果，从而有效提升培训的实效性。

二、终身教育理论

（一）终身教育理论的内涵

终身教育是指在一个人一生的成长过程中，不同时期接受的教育的总和。既有青少年时期的学校教育，也有成人后的社会教育，既有学院式的正规教育，也有各个培训机构和社会经历这些非正规教育。终身教育理论认为，每个人都要补充必要的知识和技能，教育是终身的。终身教育有以下几个特点：

第一，终身学习性。这一点是终身教育最明显的特征，它跳出了以往正规学校教育的框架，终身教育认为一个人一生需要不断学习，人们在一生中受到的各种培养，其实都是教育。

第二，全民学习性。终身教育认为，所有人无论男女老少、种族、性别、贫富都有接受教育的权利。当今社会人和人的竞争非常激烈，如果一个人想在竞争中取得胜利，必须坚持学习，接受终身教育，这是当代社会发展对每个人提出的挑战。

第三，广泛学习性。终身教育，从范围上来看，包括学校教育、家庭教育和社会教育，也就是说，终身教育包括人们成长的各个阶段，是所有场合、所有时间的教育总和。和以往的教育理论相比较，终身教育使学习的范围得到了很大的拓展，提升了整个教育事业的活力。

第四，学习的实用性和灵活性。人们根据自己的需要可以自由选择学习方式、地点和时间，学习的各个方面都可以由自己来决定。

总体来说，终身教育是从人的出生开始，到人的死亡结束。中国有一句古话，"活到老学到老"，就是对这一理论最形象的总结。

（二）终身教育对教育培训的启示

中小学教师担负着为国家、为社会培养优秀接班人的责任，作为教师，首先是自身的知识要不断更新，成为终身学习的典范，教师只有终身学习，才能适应时代和新课程标准的发展，成为社会需要的人才。如果教师不坚持更新知识，就很容易出现知识陈旧、观念老化，在教学过程中很容易和学生沟通不畅，耽误学生的发展，因此各个学校要高度重视教师的培训工作，使每一位教师都能努力提升自己。

三、成人教育学

（一）成人教育学理论的内涵

成人教育学作为一门独特的学科，自1967年由美国著名成人教育学家诺尔斯提出"帮助成人学习的艺术和科学"这一概念以来，其理论和实践都在不断发展和完善中。成人教育学的核心理论不仅揭示了成人学习的特点和规律，而且为成人教育实践提供了理论指导和方法论支持。下面就来分析诺尔斯提出的成人教育学理论的四个基本论点。

（1）成人学习更具自主性

成人学习者与儿童学习者在学习态度和行为上存在明显的差异。成人学习者倾向于自主学习，他们在学习过程中显示出较强的独立性和自主性。不同于儿童的学习过程需要教师的密切指导和控制，成人学习者更倾向于自我决定学习内容、制订学习计划，并在学习过程中根据自身需求调整学习策略。这种自主性的学习方式体现了成人学习者对自己学习的责任感和主动性。

（2）成人学习以经验学习为主

诺尔斯认为，成人教育学强调个人生活经验在学习过程中的重要性。与儿童相比，成人拥有更丰富的社会和工作经验，这些经验成为成人学习的宝贵资源。成人学习者通过反思和重构自己的经验，能够更好地理解和掌握新知识。因此，成人教育应该充分利用学习者的先前经验，通过案例分析、问题解决等方法促进学习者的主动学习和深入理解。

（3）完善社会角色

成人学习的任务之一是帮助学习者更好地完成和完善自己的社会角色。成人学习不仅仅是为了获得知识和技能，更重要的是为了能够在社会中承担起更加复杂和多样的角色。因此，成人教育需要针对学习者所处的社会角色和职责，设计和提供相关的课程和培训，以满足他们的实际需要和发展要求。

（4）问题解决导向

成人学习的一个显著特点是以解决实际问题为导向。成人学习者通常带着解决工作和生活中遇到的具体问题需求来参加学习。因此，成人教育应当围绕学习者面临的实际问题和挑战设计教学内容和活动，使学习者能够通过学习直接应用所获得的知识和技能来解决问题。

（二）成人教育学对教师培训的启示

成人学习理论首次对成人教育与传统学校教育的差异进行了清晰的界定。这一界定主要基于成人与儿童在社会生活和心理活动方面的本质性区别。相较于以往在传统学校教育理论框架下发展的成人教育理论，成人学习理论更加重视这一关键差异。诺尔斯的成人学习理论对教师培训产生了深远的启示和参考作用，具体体现在以下几个方面：

（1）教师培训知识要以有效激励为特点

教师如果能理解教师培训与学习带来的利益，就一定愿意付出努力来学习，这样教师有巨大的学习内驱力，从而形成良好的自主学习习惯。教师培训的利益主要体现在培训后教师工作绩效的提高带来的工资待遇的提高，尤其是由教师培训后强化的职业归属感，可以促进教师实现工作、生活、学习三者的和谐。如果教师培训不能帮助教师建构这种和谐关系，那么就无法实现教师的自主学习，有可能导致工学矛盾、培训和学习脱节，这样培训就成为教师的额外负担，无法发挥培训的正向作用。

（2）教师培训目标要以解决问题为导向

职前教师培训主要是为了提高教师的基本素质和专业技术素养，主要是把系统知识的学习作为在校期间的主要目标。而教师职后培训则主要以教师工作实践中的问题和解决方法为主要内容，关注教师经过培训后回到教学岗位上解决问题能力的提升。因此，教师培训要以问题解决为导向，培训目标定位要清楚，明确是补偿过去失去的基础知识，还是拓展教师的能力，等等。

（3）教师培训内容要以案例为载体

教师职前教育主要是大学教师对学生讲解准教师的原理，而这些原理没有办法直接转化成学生处理课堂实践问题的能力。而在职教师培训的一个弊端是在短时间内，没有办法传递大量系统、前沿的教学理论和方法，参加培训的教师在直接经验与获得间接经验之间，要以教学案例为载体，建立起理论和实践知识转化的桥梁。这些以案例为载体的培训内容，要体现出实践导向的培训特征，也就是说，以教师发展的需求来进行分析，以解决教学中的实践问题为导向，最后归于教师的专业发展和提升。

四、社会学习理论

在教育和心理学领域，美国心理学家阿尔伯特·班杜拉的社会学习理论提供了对人类行为理解的独特视角。班杜拉探讨了个体认知、行为和环境及其相互作用的重要性，尤其是观察学习和自我调节在行为形成中的作用。他的理论强调了人的行为和环境的互动性，为教师培训提供了宝贵的启示。

（一）观察学习

班杜拉认为，人类的复杂行为主要通过学习获得，这一过程受遗传、生理因素以及后天环境因素的影响。班杜拉提出了两种行为习得的方式：一是通过个人的直接经验习得，这一过程被称为基于反应结果的学习，即直接经验学习；二是通过观察他人的行为习得，这一过程被称为基于示范的学习，即间接经验学习。

班杜拉的社会学习理论着重于观察学习或模仿学习。在这个过程中，人们通过观察获得示范行为的象征性表示，并据此指导行动。观察学习分为四个阶段。

第一阶段是注意阶段，这是观察学习的首要步骤。在这一阶段中，示范者的行为特点、观察者的认知特性以及双方的关系都会影响学习效果。

第二阶段是保持阶段，即便示范者不再出现，示范行为仍对观察者产生影响。为了使观察者长时间记忆这些行为，需要将其符号化，使短暂的示范行为得以长久保留。

第三阶段是动作再现阶段，观察者将记忆中的符号和象征转化为具体行为，包括认知的组织、根据反馈调整行为等认知和行动操作。

最后一个阶段是观察者是否能够频繁地展现出示范行为，这受到行为结果的影响。行为结果主要包括自我强化、外部强化和替代强化，班杜拉认为这三种强化是学习者再现示范行为的动力。

（二）交互决定论

班杜拉在其社会学习理论中探讨了影响人类行为的关键因素，将这些因素分为决定行为的先行因素和决定行为的结果因素两大类。

决定行为的先行因素主要涉及遗传学习机制、社会环境中的提示信号，以及对行为结果的预期等方面。决定行为的结果因素则涉及替代性强化与自我强化。替代性强化发生时，观察者见证他人因特定行为而获得奖励，从而倾向于模仿该行为。自我强化则是指个体在达到既定目标时，能够自行调节并强化自己的行为。

在分析人类行为的众多理论中，有些理论强调外部环境对个体行为的决定作用,而有些则着重于个体内部因素的作用。班杜拉批评了这些单一视角,他认为在社会学习的过程中,个体行为、认知能力与外部环境之间存在着相互作用和影响。

环境决定论主张个体的行为主要受外部环境刺激的控制。个体决定论则认为,个体对环境的主动作用决定了行为。班杜拉的看法则是个体、其行为以及环境之间的互动是双向的和互相渗透的,不应将任何一个因素视为绝对支配其他因素的,尽管在特定情境下某些因素可能占据主导地位,班杜拉将这种相互作用的观点称为交互决定论。

(三)自我调节理论

自我调节是班杜拉理论中的一个核心概念,指的是个体通过自我观察、自我判断和自我反应三个过程来调节自己的行为。这一过程涉及个体将自己的行为结果和预期进行比较评价,以达到内部标准,展现了个体内在动力的作用。

(四)自我效能理论

自我效能,亦称为自我效能感、自我效能期待或自我信念,涉及个体对自身完成特定活动能力的评估、信念或自我认识及感受,即面对特定任务时个人的能力感、自尊与自信等心理体验。

班杜拉提出,个人的效能预期在选择不同的行动及其场合上起着关键作用,同时影响他们的努力水平。这种预期决定个人在遇到突发事件时的行动选择、投入的努力大小以及持续的时间长短。自我效能的建立受到五方面因素的影响。第一,是经历的成功与失败,成功能增强个人的自我效能感和自信,而连续失败则可能削弱自我能力的评价,导致信心下降。第二,观察他人的行为能作为替代经验,帮助个体对自身的潜能有所了解。第三,来自他人的言语劝导,如建议或劝说,也是形成自我效能的一个重要因素。第四,情绪状态,特别是在紧张或有压力的情境下,情绪的激发和生理的紧张状态可能会降低成功的期待。第五,特定的情境条件,如置身于不熟悉或可能引发焦虑的环境中,会影响到个人的自我效能水平和强度。

总体来说,班杜拉的学习理论为教师培训经常采用的观摩、课例研究、同伴研修、师傅带徒弟、名师示范等培训学习方式提供了重要的理论基础，同时也给教师培训的模式带来了启发。

五、经验之塔理论

1946年，美国视听教育家戴尔写了《视听教学法》一书，提出了经验之塔理论，他认为，经验是通过直接方式或者间接方式得来的，根据抽象程度可以把经验分为三个大类四个层次（图4-3）：第一类是做的经验，第二类是观察的经验，第三类是抽象的经验。

通过经验之塔模型，我们可以观察到学习者从一开始作为实践中的直接参与者，逐渐转变为实际事件的旁观者，然后变成间接事件的观察者，直到最终对实践过程中的抽象符号进行观察。戴尔指出，只有当学生积累了足够的具体经验，并且能够理解实际事物的抽象表示后，他们才能有效地参与到更为抽象的教学活动中去。

经验之塔理论给教师培训的启示有以下几点。

第一，宝塔最底层的经验是最具体的，越往上越抽象，但这并不是说任何经验都要经过从底层到顶层的阶梯，也并不表明下一层的经验和上一层的经验相比会更有用。划分阶层主要是为了说明各个经验的具体程度如何，从实际来看，教师培训活动内容和方式出现各个层次交叉、混搭的特点。

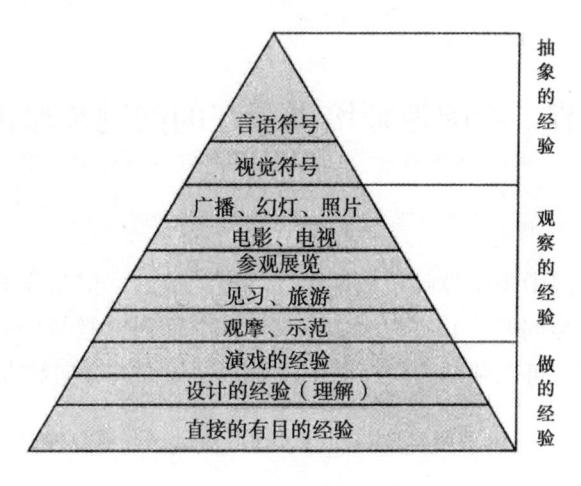

图4-3 经验之塔理论[1]

[1] 余新.教师培训师专业修炼[M].北京：教育科学出版社，2012：74.

第二，在进行教育教学的时候，应该从具体经验逐步上升到抽象经验。要想教学取得有效性，就是要让学生通过具体的案例来记住、理解、掌握抽象的理念和知识。培训师在进行培训项目设置的时候，要根据时间和培训的要求，设计出一定的具体经验方面的练习，这样更有助于学员对知识的掌握，提升自己解决问题的能力。

第三，教育教学不能止步于具体经验，还要向抽象和普遍发展，形成概念。因为概念可以进行推理，这是最经济的思维工具，它可以把人们追求真理的智力简单化、经济化，指导实践进一步发展。因此，教师培训在着眼于提升教师技能之外，更要注重通过技能培训来实现教师能力的提升目标。

第四，宝塔中各类各层的经验获得方式都值得培训师们去研究它的价值和意义。在教师培训中，可以把各种方式应用到教学媒体中，使学员的学习更加具体，从而使学员的抽象思维得到更好的发展，教师培训课程要注重教学形态的多样性、互补性、混合性，要注重创造性的设计和内容的开发。

第五，在应用时，不能单纯地应用某一层次的学习方式，否则必然会给教学带来局限性。在进行教师培训的时候，要综合应用各种学习方式及面对面与远程在线培训模式，内容为先还是方式为先，在选择时不能单一，而是要互补兼顾。

第三节　我国教师培训存在的问题及原因分析

虽然我国中小学教师培训取得了一定的成效，但是我国的教师培训仍然面临许多问题，并有很大的发展空间，而研究教师培训中存在的问题及其原因，可以帮助人们厘清中小学教师培训的方向和方法。

一、教师培训内容存在的问题及原因分析

（一）培训内容没有针对性

教师培训的课程设置应紧密围绕教师的实际需求展开。然而，在现实中，许多教师在培训开始前对即将学习的内容一无所知，这种情况明显未能触及教师的真实需求，与他们的实际需求相脱节。在对教师进行培训时，学校往往未对教师的需求进行充分调研，或者即便掌握了教师的需求信息，也难以提供满足这些需求的培训内容，仅仅是形式上为教师安排一些他们并不需要的课程。这种做法使得培训效果大打折扣，无法发挥其应有的教育作用。

在教师培训中，参训教师作为一个成年人，他们的积极参与对教师培训的实效性起着重要的作用。但是，在很多教师培训实践中，培训机构和培训者都只是把参训教师当作一个被动的客体来对待，主要表现在两个方面。

第一，组织和管理方面。教师培训通常以培训机构的方便为主要考虑因素，而很少兼顾参与培训的教师的实际情况。目前，许多教师培训安排在节假日或者周末，但这个时间段并不一定适合参与培训的教师，一些教师可能需要在假期处理家事，还有一些教师需要在假期提前备课等。然而，培训机构在安排培训时间时并未充分考虑参与教师的实际情况，而是坚持让参与培训的教师按原定时间参加培训。

第二，教育教学方面。在教师培训过程中，培训者对于课程内容、教学方法、培训模式等具有决定性的选择权，而参训教师则往往只能被动地接受培训机构和培训者的安排。这种情况在课堂教学中尤为明显，培训者往往只关注自身的讲述，而忽视参训教师的实际需求。令人遗憾的是，培训者有时会以枯燥乏味的方式向中小学教师传授如何使课堂生动有趣的方法，这无疑是一种讽刺。

（二）新的培训理念只是浮于表面

与传统培训观念相比，新兴培训理念应运而生，主要是为了应对新

课程改革的需求。新课程改革对教师与学生的互动关系及课堂教学模式提出了全新的要求，促使教师必须更新自己的教学方法。

根据这种新培训理念，教师应从单纯的培训内容接受者转变为培训过程中的主动参与者和关键决策者。这就需要教师加强对自身经验的回顾与反思，提高个人的自我评价和更新能力。理想中的教师培训是一个在同伴支持下进行的互相激励、共同探索新观念和新经验的互动过程。

然而，在现实中，这种先进的培训理念并没有被完全实现和贯彻。尽管从表面上看，教学活动似乎采取了对话、互动、讨论和实操等多元化教学方法，教师不再仅仅是单向灌输知识，但在实践中，通过设计特定的问题和使用引导性及暗示性话语，教师实质上还是在导向一个标准答案。这种方式虽然改变了教学的外在形式，却未能真正促进学生独立思考和解决问题能力的发展。因此，仍需在教师培训实践中进一步深化和推广。

（三）理论培训难以和实践相结合

在教育学的传统探讨中，理论与实践的关系始终处于核心地位。在教师的专业培训过程中，教育理论的学习占据着举足轻重的地位。然而，现行的培训模式往往要求教师机械地采纳和应用新理论，却未能充分重视教师在教学实践中的体验、感悟和反思。这种做法似乎割裂了理论与实践之间的内在联系，导致二者无法相互促进。实际上，将理论融入实践是一个复杂的过程，需要个体与集体的共同努力。目前的培训模式缺乏针对性，严重阻碍了教育理论在教育实践中的应用。若教育理论无法被教师内化为自身的实践知识，那么教育实践便难以实现真正的变革。因此，培训机构需要重新审视和调整现有的培训模式，以更好地促进理论与实践的相互融合与促进。

二、教师培训方式存在的问题及原因分析

（一）培训方式比较单一

教师培训方式的单一性并非指仅存在一种培训方法，而是指某种特定的培训方式在教师培训实践中占据了主导地位，并对教师产生了显著影响。目前，教师培训主要采取授课或集体讨论的形式进行。然而，这种相对固定的培训方式已无法充分满足教师当前的多元化需求。

授课可以说是最没有效果的一种培训方式，一般理论课程多采用授课方式进行培训，这样的课程一般是更大范围的教师群体参加，并且经常不分学科，这样的授课无法保证教学质量。很多时候，教师参加这些课程主要是因为上级的安排和要求，然而在实际教学过程中，教师所面临的种种问题往往无法在课程中得到有效的解决。此外，新入职的教师普遍存在着不稳定性和情绪急躁的问题，他们对此类枯燥的理论学习方式持有抵触态度，更倾向于寻求灵活和多样化的培训内容，而老教师则认为理论工作对他们的教学很难产生积极的影响，这就造成了教师培训无法满足不同发展阶段教师的发展需要。

（二）各种培训方式的优点没有得到充分发挥

教师培训的方式日渐多样化，这对提升教学质量产生了正面影响。学校通常采用各式各样的培训计划，如安排教师前往其他学校观摩、参与线上课程交流、开展教学反思等，旨在拓宽教师的视野并提高他们的专业能力。然而，这些培训方法往往未被充分利用，其潜在优势并未完全体现出来。例如，一些教师反映即便他们参加了其他学校的公开课和讨论，回校后的活动通常仅限于分享所学经验和自己的公开课展示，这样的做法往往变成了一种表面的模仿。他们缺乏将所学内容内化和深度吸收的时间，导致大量的精力被浪费在制作报告上。

当前，众多培训方式如参与式培训等被提出，然而在实际应用中，许多教师反映这些方式虽然看似新颖，却难以真正掌握并应用于实际教学中。深入分析其原因，主要在于这些培训方式具有一定的操作难度，

教师需要花费更多时间和精力去理解和把握。此外，许多培训方式强调教师间的合作与互动，这种相对自由的学习方式使得教师难以准确把控个人的学习进度和内容。由于教师长期受传统教育教学方式的影响，其学习模式已经根深蒂固。面对这些相对自由开放的学习模式，教师难以迅速适应和掌握，需要一定的时间去熟悉和了解。

三、教师培训管理中存在的问题及原因分析

（一）教师选拔中的问题

在社会持续进步与教育改革的背景下，教师的工作压力日趋增大，同行间的竞争也愈发激烈。学校对于选拔优秀教师的标准正不断提升，其中，是否参与培训已成为评判的重要尺度之一。然而，这种功利性的导向使教师对于培训的真正意义产生了偏离，他们开始忽视培训本身的价值。同时，由于培训课程的品质良莠不齐，教师难以通过培训切实提升自身能力。最终，培训在教师的眼中逐渐演变成了一种形式化的过场活动，失去了其应有的意义和价值。

（二）培训经费缺乏法律保障

教育经费一直是教育事业发展的一个重大问题。当前我国教育部、财政部实施了"国培计划"等培训，国家为教师培训拨付了大量的经费，但是在经费的管理和使用方面缺乏法律保障，主要原因有以下两个方面。

第一，缺乏专门的教育法律法规。在我国当前的教育法律体系中，除了基本的几部法律，如《教育法》《教师法》等，还没有哪一部专门的法律对教师培训的经费进行确定。因此，需要全国各地结合当前的实际及时颁布相应的实施办法，避免继续教育和在职教育中的问题出现时无法可依，教育法的缺失必然导致教师培训经费方面的缺乏。

第二，法律法规执行力比较弱。虽然当前有一些规定或条例，对教师培训经费进行了规定，但是事实上教师培训机构的培训经费在实际中

有多少是真正用于教师的培训开支，还缺乏一定的监督和管理。

四、培训教师和参训教师本身存在的问题及原因分析

（一）培训教师的问题

培训教师需具备热情开朗、宽容大度的品质，对参与培训的教师要不吝赞赏、支持与鼓励。培训教师还需要掌握一定的社交技巧，以凝聚参与培训的成员。在培训过程中，还需展现出色的观察能力，以便及时发现并妥善解决参训者的问题。培训师还要对培训内容非常了解，要用有趣的方式将培训的内容传达给参训者，让参训者能够掌握知识，提升自己的能力。培训师所具备的这些特质，既可以是自己实践习得的，也可以是通过培训而塑造的。

在教师培训领域，培训者通常具备专家级的专业知识和丰富的教学经验。在日常教学中，他们习惯面对的是未成年学生，对自身的教学职责有着清晰明确的定位。然而，在教师培训中，教学对象转变为具有不同背景、学习动机和学习需求的成年教师，这就对培训者的教学效果提出了更高的要求。

优秀的培训师不仅需要具备深厚的专业知识，还要能够敏锐地洞察每位参训者的心理需求，以满足他们多样化的学习要求。此外，由于教师是普通职业者，他们在接受培训时表现出的是成人学习的特点，这与儿童学习存在显著的差异。

一位优秀的培训师需要不断地进行自我反思，积极征求参训者的反馈意见，并充分发挥他们的学习主动性。这种能力的形成并非一蹴而就，而是需要长时间的实践经验和不断的学习积累。因此，一位培训师是否优秀，需要经过时间和经验的双重考验。

（二）参训教师的问题

尽管培训在一定程度上能够提升教师的教学水平，但从实际情况来看，其对于教师整体能力的提升作用仍然有限。此外，许多教师存在职

新课程
标准下教师角色与教师培训研究

业倦怠感,认为教师职业缺乏挑战,且薪资水平不高。尤其是一些刚开启职业生涯的年轻教师,由于对职业缺乏深刻的理解,参与培训的积极性不高。这些教师的自我发展意愿相对较弱,进一步导致他们在参加培训时的态度较为消极。

第五章

教师培训课程的开发及培训模式的选择

教师培训是为了不断提高教师的能力，对于教师的成长和发展有着重要的作用。而在教师的培训过程中，课程的开发和模式的选择对培训质量起着关键作用。本章主要从新课程标准下教师培训课程的开发和教师培训模式的选择两个方面进行研究。

第一节　新课程标准下教师培训课程的开发

教师培训课程对于教师在专业生涯中的成长与发展有着至关重要的作用，通过课程培训，教师能够不断克服和解决工作上的问题，从而也可以积极向上，使自己有一个良好的个性心理品质。在新课程标准下，教师培训课程的开发既要有培训专业理论知识和专业技能技巧的指导，又要精心设计培训的内容，既要借鉴别人的经验，也要反思自己的实践。

一、新课程标准下教师培训课程开发的理论指导

在教师培训方案中培训课程是核心内容，因此需要对培训课程进行科学的开发和设计。教师培训课程开发设计的质量对于教师培训的质量有着直接的影响，在进行课程开发时需要一定的课程理论来进行指导。

（一）新课程标准下教师培训课程的特点

教师培训课程是由教师培训目标、培训内容、培训方式和课程评价综合构成的。与师范院校的职前培训比较来看，新课程标准下教师培训课程具有职后学习的特点。

师范院校在培训教师的时候，是有一个固定的培养期，根据学科专业的不同，设计不同的课程。一般来说，师范院校的课程结构主要包括通识教育、学科专业课程、教师职业课程等几个模块。在学习课程方面，还有必修课程和选修课程之分。

新课程标准下教师培训课程是为了让教师适应时代的发展和当前教学的需要，提升教师教育教学的能力，以教师专业发展的规律性为依据，结合教师的教育实践进行专门课程设计。

教师培训课程具有以下几个方面的特点：

第一，从时间的长短性来看，教师培训课程的实施时间都比较短，一般短则几天，长的话也就几个月，不像在师范院校时，时间跨度会长达三四年。

第二，重视实践性，系统性比较欠缺。教师培训课程主要是针对教师在教学过程中的实践问题，以问题为中心和导向设计的，不具有学科的系统性。每个培训课程的独立性更强。

第三，注重教学改革的前沿性。教师培训课程要以国家新课程标准为依据，让教师了解国家基础教育的改革方向和政策，让教师能够掌握当前教育教学改革的新动态。

(二)教师培训课程的主要类型

依据培训课程目标内容和方式的不同，教师培训课程主要分为以下几个类型：

1. 学科课程——补充知识

学科课程主要是为了更新教师的学科知识，让教师了解学科发展的最新动态。

学科课程主要针对的是那些学科知识基础不够扎实，需要提高学科知识水平的教师，如一些学历偏低的教师。在我国很多地方，因为缺少教师，所以有一些教师教的是非自己所学专业的课程，这些教师本身就会存在一些学科知识欠缺的问题，因此需要通过培训来提升自己的学科知识水平。另外，随着时间的推移，学科也不断地发展，这就需要对教师进行学科知识培训，让教师更好地适应新知识。

2. 理论课程——更新教育理念

理论课程主要是为了丰富教师的教育教学理论基础，不断更新教师的教育理念。

在我国，很多中小学教师在教育教学理论基础方面不够扎实，在教学理念方面观念还比较陈旧。随着教学理论的不断发展，新的教育教学理念涌出，课程标准不断变化，这就需要教师不断地更新自己的教育理念，以适应时代的发展和学生的需要。

3. 素养课程——提升师德

素养课程主要是为了提高教师的师德素养。在教师所有的技能与素养中，师德是教师的核心素养。党和政府都很重视教师的师德建设，为了提高师德建设，在各级各类有关教师培训的文件中，都作了明确的相关规定。素养提升是中小学教师培训不可缺少的一个课程，在内容建设方面，除了师德的内容外，还要做教师心理健康和人文素养方面的内容培训。

4. 实践课程——解决实践问题

实践课程主要是为了提升教师教育教学的实践能力，让教师解决自己在教育教学实践中的问题。

在中小学教学实践中存在很多问题，实践课程的培训内容主要来自这些问题，通过实践培训，可以有效避免中小学教育教学中理论性过强、实践性欠缺的现象。

5. 操作课程——训练技能

操作课程主要是为了帮助教师掌握某项技能。在中小学教育实践中，教师除了要掌握传统的一些基本教育教学技能外，还要掌握很多新技能。而实践技能在师范院校的培训过程中是比较缺乏的，需要中小学教师在职后进行培训。比如，电子白板的使用、网络教学技能的掌握以及课件的制作等。

6. 观摩课程——借鉴经验

观摩型课程是通过借鉴他人的实践经验达到提高教师实践经验的目的。观摩课程在形式上主要有参观交流、跟岗学习、观课议课等。观摩型课程是让教师走进真实的教育现场，从而不断提升教师的实践经验。

7. 合作课程——碰撞思维

合作课程主要是为了开拓教师的思路，让教师之间产生思维碰撞。合作课程主要的形式有工作坊、论坛等。教师参加合作型课程主要是通过合作和互助的方式来进行的。教师共同完成小组的学习目标，同伴之间进行交流、借鉴从而达到提高自身能力和水平的目的。

8. 网络课程——应用"互联网+"

网络课程主要是教师在互联网上通过浏览器来进行学习和培训的课程。它是按照一定的教学目标，根据一定的教学策略组织起来的教学内容和网络教学支撑环境。

网络课程的内容具有广泛性，在形式上具有交互性、开放性、协作性，在时间上具有自由性。

(三) 教师培训课程开发的内涵

本书认为，教师培训课程开发是指培训机构以国家和地方师资队伍建设需要和培训项目任务要求为依据，通过分析教师培训的需求，将培训目标明确下来，从而设计好培训课程的内容和方式，为培训课程实施和培训课程的评价奠定基础的一个工作过程。

教师培训课程开发也可以叫作"教师培训课程设计""教师培训课程编制""教师培训课程研制"。从实质来看，教师培训课程开发就是培训机构以一定的教师发展价值取向为依据，根据课程理念，通过特定的方式组织安排培训课程的各个要素，形成培训课程结构的一个过程。从根本上来看，课程开发主要解决两大问题：培训什么和怎样培训。

一般来说，教师培训课程开发主要包括以下四个方面内容：一是根据培训课程资源对培训课程要素进行优化和组合；二是选择确定教师培训的目标和内容；三是确定培训课程的组织形式和结构，确定培训的模式；四是形成培训课程方案。

(四) 教师培训课程开发模式理论的借鉴

自20世纪以来，课程理论不断发展，目前课程开发模式有目标模式、过程模式、研究模式、自然模式、实验模式、批判模式等。其中影响比较大的课程开发模式有目标模式、过程模式、实践模式三个大类。教师培训课程开发可以借鉴这些模式。

1. 教师课程开发对目标模式理论的借鉴

目标模式就是课程开发的基础核心是目标，主要围绕课程目标的确定、实现、评价来进行课程开发。可以说，目标模式是课程开发的一个经典模式。"现代课程理论之父"拉尔夫·泰勒创立的"泰勒原理"是目标模式的主要代表。

拉尔夫·泰勒在《课程与教学的基本原理》一书中指出，无论进行任何课程和教学计划，都需要解决以下四个基本问题：一是培训要达到什么教育目标？二是什么样的教育经验，最有可能使这些目标达到？三是怎么能把这些教育经验有效地组织起来？四是怎么确定这些目标正在实现？这四个基本问题就构成了泰勒原理。泰勒原理在世界各国的课程领域内都有着巨大的影响，在20世纪五六十年代一度是课程研发的唯一科学模式。

根据泰勒原理可以很好地对教师培训课程进行开发设计，如在开发流程上可以将教师培训课程开发分为确定培训目标、确定培训内容、设计培训模式和设计考核评价四个环节。

2. 教师课程开发对过程模式理论的借鉴

过程模式的提出者是英国著名课程理论专家斯滕豪斯。英国著名教育哲学家彼德斯的知识论是过程模式的理论基础。他认为，不必要通过教育的结果来证明知识及其教育本身具有的内在价值。人们可以对它们本身具有的价值来进行探讨和争论，而不应对其作为达到目的的手段的价值来进行探讨和争论。基于此，斯滕豪斯提出关于课程开发的任务，应当是选择活动的内容，建立关于学科的过程、概念、标准等知识形式的课程，并对其提供实施的原则。

从本质来看，过程原则是鼓励教师对课程与教学实践进行批判和反思，充分发挥主体性。在教学实践过程中，教师应该遵循五项过程原则：一是教师应该和学生在课堂上一起讨论研究一些具有争议性的问题；二是教师在处理具有争议性的问题时，要保持中立，使课堂成为学生自由发言的论坛；三是对具有争议性的问题解决的方式，应当采用讨论的方式，而不应采用知识灌输的方式；四是在讨论过程中，应该尊重每一位参与者的观点，没有必要最终达成一致性的意见；五是在课堂上，教师作为主持人要对学生的学习质量和标准进行负责。

过程模式的设计程序一般是：确定一般目标—进行创造性的教学活动—进行论述—评价教学活动的结果。需要说明的是，评价是为了以教师的评论为依据，促使学生提高自己的学习能力。评价的依据是在多大程度上反映知识形式，体现过程原则。由此可以说，过程模式的评价既重视课程与教学的积累性结果，更重视课程与教学过程中的形成性结果。

从设计思想来看，过程模式和目标模式可以说完全不同，设计模式主要是以确定知识和教育活动的内在价值为基础，鼓励学生在具有内在价值的知识领域的积极探索。

教师培训课程开发同样可以借鉴过程模式。教师学习的一个重要途径就是培训，作为学院教师，有着一定的理论基础和教育实践，因此在设计培训课程内容和模式时不要把参加培训的教师当成一个被动的学习者，要把教师当成研究者，在培训课程的开发上要多涉及一些参与式的课程，避免过多报告式的专题讲座，培训者和受训者要共同探讨，一起研究和成长。

3. 教师课程开发对实践模式理论的借鉴

实践模式的提出者是美国著名课程理论专家是施瓦布，他在"实践3：转换成课程"一文中将实践性课程理念确立下来，在他看来，课程主要由四个要素构成，分别是教师、学生、教材和环境。这四个要素持续发生相互作用，由此构成了实践性课程的基本内涵。课程是这四个要素构成的独特而不断变化的整体结构，在这个整体结构中，教师和学生是一种交互主体的关系，而这种交互作用也是课程意义的来源。

实践模式的课程理论更加注重课程的实践价值和动态过程，注重课程的实践性，重视课程开发中目的和手段、结果和过程两者的统一。实践模式认为解决课程问题的主要方式是集体"审议"的方式，在课程实践中，教师和学生都是课程的主体和创造者。"课程审议"指在课程开发过程中，课程开发的主体对实践情境中的问题反复进行讨论和权衡，从而达到理解和解释的一致性，最终作出一个恰当的、一致性的课程变革策略。

集体审议贯穿在整个课程的开发过程中，首先确定需要解决的问题，然后经过讨论，对各种事实判断和价值判断达成一个暂时的共识，之后充分考虑解决的途径来拟定初步的解决方案，再对各个备选方案进行权衡，选择一个最佳的方案，然后进行预演，反思已经确定的目标，作出一个决定性的意见。施瓦布指出，集体审议的主题是课程集体，它是以学校为基础建立的，由校长、教师、学生、课程专家、社区代表、心理学家、社会学家等人组成，并在这些人员中选出一位主席来领导整个审议过程。

和传统模式相反，实践模式认为，课程需要以教师和学生为基础而制定，学生和教师是课程的合法主体和创造者，他们不应当被孤立于课程之外。教师是课程的主要设计者，起着主导作用，并且在实施课程的过程中可以根据当时的情景充分发挥自己的创造性，对课程的内容进行一个合理的选择。同样，学生也是课程的重要主体和创造者，虽然学生不能直接进行课程的开发和设计，但是他们有权利对教师的教学内容和完成这种学习内容的方法提出质疑，并要求教师进行解答。通过这种方式，让教师和学生都参与到课程设计中来，使创造和接受课程成为同一过程，从而增加学生行为成长和成熟的能力。

教师培训课程开发借鉴实践模式可以从以下入手：在进行教师培训课程开发设计时不能由一两个人确定课程内容，而是要集体审议，使项目的负责人、首席专家、教育行政领导、中小学校长和教师等各个方面的智慧得到充分的发挥，同时在进行课程设计的时候，也要将课程的培训对象作为课程设计的重要参与者。

二、新课程标准下教师培训课程目标的确定

教师培训课程目标是指具体的培训项目要达到的目的，它是教师培训目的在项目中的具体化体现，也是教师培训项目实施的出发点，还是教师培训项目实施的归宿。确定教师培训课程目标是进行课程开发的第一步，教师培训内容的设计和实施评价都要以课程目标为基础。

（一）目标设计的依据

从课程论的角度来看，在进行培训课程设计时，需要考虑的基本因素有：培训课程的内容、培训课程的安排形式、课程设计的模式、课程内容的编排等。教师培训是为了使教师在知识、理解、技能、习惯和价值等各个方面得到充足的发展，因此在进行教师培训课程的开发时，确立的目标也应当是多维度的。而且，由于教师培训是为了有效地支持和促进教师的学习，因此教师培训课程还有系统化、专业化和终身化三个特点。由此可以说，教师培训课程的设计是一个系统性的工程。

从当前的理论和实际出发，教师培训课程目标确立的依据主要有三个方面。

1. 国家师资队伍建设的要求

教师培训是国家进行师资队伍建设的一个重要举措，因此确定培训课程目标时，要紧紧围绕国家对师资队伍建设的总体要求来进行。

《教育部关于大力加强中小学教师培训工作的意见》（教师〔2011〕1号）指出："新时期中小学教师培训的总体要求是，贯彻落实教育规划纲要，围绕教育改革发展的中心任务，紧扣培养造就高素质、专业化教师队伍的战略目标，以提高教师师德素养和业务水平为核心……"

教育部等五部门印发《教师教育振兴行动计划（2018—2022）》要求：加强师德养成教育，用"四有好教师"标准，"四个引路人""四个相统一""四个服务"等要求来统领教师的成长和发展，细化落实到教师教育课程，让教师以德立身、以德教学。因此，在确定培训目标时，一定要认真学习贯彻国家关于师资队伍建设的文件来指导教师培训课程开发工作。以上这些国家关于师资队伍建设的文件，要求在进行教师培训课程目标设计时，要围绕着师德建设、提升专业化水平和创新能力来设置具体化的培训目标。

2. 培训任务下达方的培训要求

培训机构在进行教师培训项目时，一般都是各级教育行政部门下达或者是中小学委托的培训任务。培训机构在进行培训目标设置时，要依据下达方的培训要求。要求不同，培训项目的对象不同，培训目的不同，因此培训课程目标的设置也不同。

3. 参训教师专业发展目标和专业成长需求

在教师的整个职业生涯中，教师的专业发展贯穿其中，每位教师都经历了从新手到专家的一系列发展阶段，在每个发展阶段都有不同的发展特点，因此教师培训要针对不同发展阶段的教师的特点和需求来进行培训目标的设置。另外，即使是同一个专业发展阶段的教师，他们的需求也是不一样的，如城市教师和乡村教师的学习需求就是不一样的，不同学科和不同岗位之间的教师的学习需求也是不一样的，在进行培训课程目标的设计时要有针对性，要针对不同岗位、不同层次的不同对象来设计不同的课程目标。

（二）目标设计的原则

制约教师培训课程目标的因素有很多，因此教师培训目标设计要遵循以下原则来协调好各个层面的因素。

1. 系统性和层次性原则

一般来说，教师培训都以独立的项目形式存在，教师培训课程也是以相对独立的专题式课程为主，因此在设置目标时很容易忽视培训课程目标的系统性和层次性。教师培训课程目标是一个系统，要把握好不同培训项目之间的层次和关联。

首先，从纵向上把握各个层次的关系。培训目标的设置要按"国家师资队伍建设目标—培训项目目标—培训课程目标—培训教学目标"这个线索来进行系统性和层次性的衔接。这四个层次是按照一般到特殊的规律逐级分化，形成多个层次的目标体系。

其次，要注意教师不同专业发展阶段培训课程目标之间的递进性、层次性和系统性。教师成长一般遵循新教师—骨干教师—专家型教师的规律。因此，在教师培训课程目标设计时，也要按照这个层次来进行设计。

再次，从横向上关照同一批参训教师可能参加不同培训项目之间的联系。比如，国培、省培、市培、县区培、校本培训、各级培训之间要形成一个层次和系统，要避免重复性的培训造成教育资源的浪费。

2. 具体性原则

教学目标的设计要符合具体性原则，就是说在设计表述课程目标时要明确具体，要与学习者的实际需求相符，同时要具有可操作性和可检测性，如果目标不具体，就很难理解和把握。在进行培训项目目标设计的时候，设计者应根据项目的要求对参训者的培训需求进行深入的分析，了解参训者的认知结构，对参训者的教学能力水平有一个准确的把握，要熟悉参训者的成长经历、兴趣爱好习惯等各个方面，尽可能地让培训课程目标具体化，做到可以明确观测和操作。

3. 实践性原则

和师范院校的职前培养相比，教师的职后培训课程目标更加注重实践性。因为教师要关注教育教学中的实际问题，所以在培训时要以教学实践问题导向为价值取向，要帮助教师提高解决实际问题的能力，同时要注意职后培训课程与师范院校培训内容的有效衔接。

（三）目标设计的流程

在进行教师培训课程目标设计时，要遵循一定的流程，基本有以下四个步骤：

第一，明确教师培训的目的，将培训课程目标落到实处。课程目标是培训项目任务目的的具体表现，是目的的具体化。在进行培训课程目标设计时，首先就要明确培训课程属于哪个类型和哪个层次的培训项目。培训项目的下达方对培训项目的质量要求规格要求是怎么样的？培训时间有多长？分析一下在什么样的时间内可以达成一个什么样的目标。

第二，对参训教师的学习需求进行分析。想要做好课程目标的确定，就必须对目标的来源进行分析，也就是要分析"培训需要"。从实际来看，培训需求分析主要是对参训者的专业发展现状、参训者的兴趣爱好、参训者的个性特点等方面进行收集、分类，然后对这些内容加以综合分析研究，从而确定培训需求的先后顺序，找出培训课程和教学目标的基点。

第三，确定好培训价值取向，选择课程目标的表征形式。课程目标担负着实现教育价值的重任。课程目标的定义、课程培训在什么范围内进行、课程培训的结构是怎样的，这些需要有价值指向来进行指导。课程目标的价值取向主要是指它的表现形式主要有四个，分别是普遍性目标、行为目标、生成性目标和表现性目标。

教师培训活动具有多元性。这四种课程目标形式单一来看无法全方位地解决所有教师培训活动的问题，因此在实际应用时要进行综合使用，取长补短。一般来说，行为性目标，适合传授基础知识和基本技能；生成性目标，适合培养教师解决问题的能力；表现性目标，适合培训教师的创新精神。

第四，明确具体的目标，形成目标体系。在确定具体目标时，需要对学校行政人员、教师、学生家长及课程工作者、学科专家进行多重需求调查评估。由于每个人在需要上有层次高低的区分，因此根据其形成的目标在层次和等级表现也就不一样。目标有轻重缓急、先后次序、长期短期的区别，将这些目标进行合理组织，就会形成课程目标体系。

"需要评估形式"一般有四个步骤。一是对实验性的目标进行系统的阐述。对大多数人所觉察到的问题进行全面系统的分析，围绕这些问题来确定参训者需要达到的课程目标是什么。二是对课程目标的优先级进行确定，要根据参训者教育的实践需要和重要程度，对课程目标进行排列，确立好主要目标和次要目标。三是判断参训者能够达到每一种课程目标的可能性，对参训者当前目标实现的可能性程度进行等级划分。四是以目标的优先程度为依据来进行课程计划的编制。

三、新课程标准下教师培训课程内容的设计

（一）确定培训主题

设计教师培训内容要根据培训目标来进行，首先要确定培训主题。教师培训项目形式具有相对独立性和具体性，每个培训项目都要有自己独立的或者系列化的培训主题，培训主题是对当前项目要解决的核心问题进行的高度概括，它就像一篇文章的中心思想，统领这个培训项目的各个培训专题。培训项目的指向和目标由培训主题决定。培训主题的确定要考虑项目组团队需要，综合考虑的因素有：教师专业发展的需要、学科教学需要解决的实际问题的需要、学科课程和教学研究新进展的需要。

（二）选定培训内容

确定好培训主题也就明确了培训的方向，在进行培训内容的选定时，要符合以下三个标准。

1. 培训内容要符合中小学教师学习过程的心理逻辑

培训内容要围绕培训主题，以教师的专业发展需求为基础，选择能

够体现和承载培训主题的内容，首先培训内容要具有逻辑性，要符合中小学教师学习过程的心理变化。

比如，针对新教师的培训，在前期需求分析的基础上，考虑新任教师的专业发展，可以将培训定位于既解决新任教师当前面临的困惑，又能够为新任教师日后的发展提供帮助，因此在培训内容设计时可以围绕两条主线来进行：一是以解决实践中的问题、工作绩效的优化提升为主线，设计学科教学、学生教育两个方面的内容；二是以教师的综合素养提升、可持续发展为主线，设计师德修养、专业发展两个模块的培训内容。

确定好模块之后，就要以前期调研中这一模块存在的具体问题为培训内容要点，从而提高教师解决实际问题的能力。比如，在学生教育这一方面，新任教师存在忽视育人、重视教书的问题，将这一问题进行内容上的展开，就形成了新任教师培训的主要内容。

2. 课程架构要将理论课程与实践课程两者结合

在进行培训课程内容设计时，要以教师教育课程标准为依据，从加深专业理解和解决实际问题两个方面进行教师培训。培训课程可以分为理论课程和实践课程两个大类，共同目标是提升教师经验。在每一个培训主题上，这两方面课程要注意相互配合。

理论课程的内容主要是以学理研究的知识为基础，包括学科知识、学科教学知识以及与教师核心能力直接相关的各个学科通用的教育教学知识。实践课程主要是指向特定的研究主题，以内容要点研修活动为落脚点，如名师研习、共同备课、课例点评、教学反思、名师经验分享等。提升教师经验既是培训的效果目标，也是培训课程的重要组成部分，如在提升经验内容部分可以有教学经验的分享、学习收获的交流、学员论坛等。

总体来说，在教师培训课程内容的设置方面要以教师实践性知识为核心基础，在尊重教师已有的经验和立足现场情境，指向实际解决问题的基础上，将实践性课程比重提到总培训课程内容的50%以上。

3. 培训内容要符合分层分类培训要求

中小学教师发展是分阶段的，因此中小学教师培训内容也要以此为基础进行层级分类，在设计内容时就要进行递进式的设计，根据教师核

新课程
标准下教师角色与教师培训研究

心教学能力划分出层次，从而有针对性地进行教师培训，促进教师快速成长发展。

四、新课程标准下教师培训课程开发的模型

培训课程开发理论与实践有很多模型，其中最具代表性的模型有以下两个：

（一）教学系统设计模型

教学系统设计模型（图5-1）主要以学习理论、教学理论、传播理论为指导理论，运用系统理论的观点和知识，以当前的教师培训现状为出发点设计学习方案并开发培训课程。教学系统设计模型的操作步骤和内容主要如下：

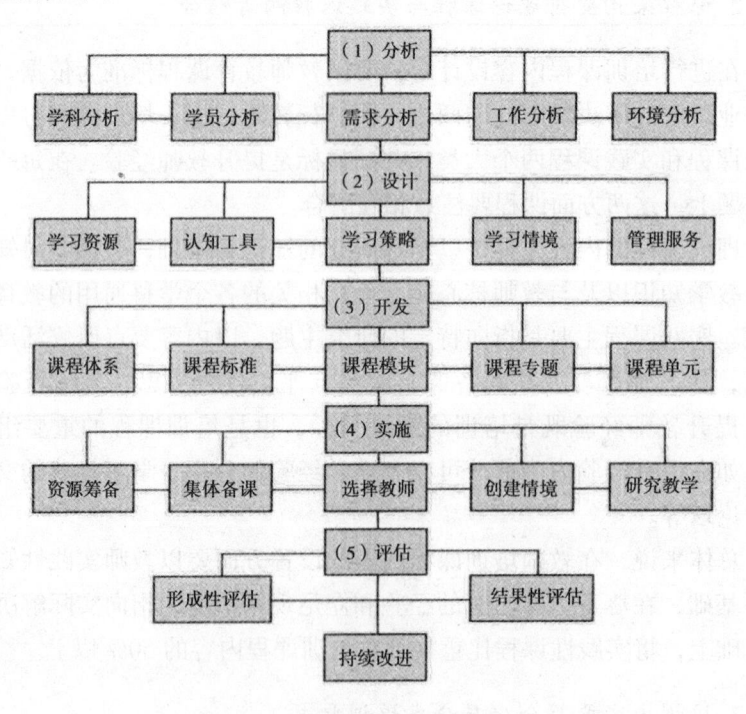

```
                    (1) 分析
    ┌──────┬──────┬──────┬──────┐
  学科分析 学员分析 需求分析 工作分析 环境分析
                    (2) 设计
    ┌──────┬──────┬──────┬──────┐
  学习资源 认知工具 学习策略 学习情境 管理服务
                    (3) 开发
    ┌──────┬──────┬──────┬──────┐
  课程体系 课程标准 课程模块 课程专题 课程单元
                    (4) 实施
    ┌──────┬──────┬──────┬──────┐
  资源筹备 集体备课 选择教师 创建情境 研究教学
                    (5) 评估
           ┌──────────┬──────────┐
        形成性评估           结果性评估
                    持续改进
```

图5-1 教学系统设计模型[①]

[①] 余新. 教师培训师专业修炼[M]. 北京：教育科学出版社，2012：142.

分析：课程开发的基础，主要对学科内容、参训者的基本情况、培训的相关需求、组织工作情况和培训环境进行全方位的分析。

设计：以分析的结果为依据，选择合适的学习资源和开发工具准备好学习情境和管理服务，设计出有效的学习策略。

开发：根据设计的内容进行课程的开发，主要内容包括课程体系的建设、课程标准的制定、课程模块与专题和单元内容的选择组织。

实施：实施开发的课程，使参训者能力得到进一步提升。

评估：对培训的质量和效果进行评价，并将评估的结果作为依据来继续完善相关课程。

（二）绩效干预模型

绩效干预模型（图5-2）的指导理论是行为学、组织管理学、人力资源管理学的理论，是通过确定绩效差距开发课程的一种操作方式。

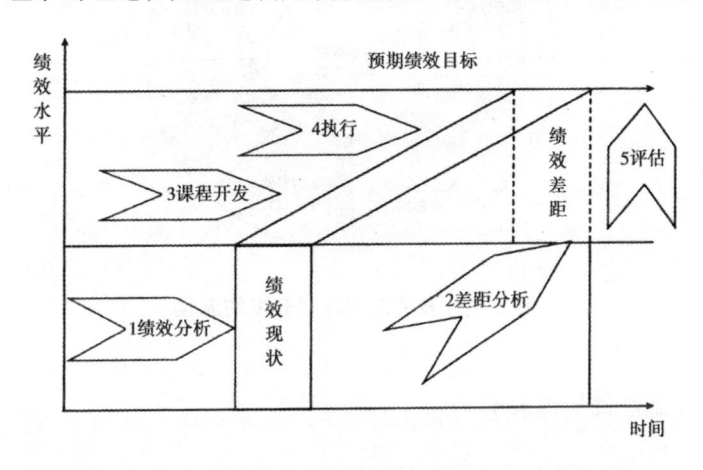

图5-2 绩效干预模型[1]

绩效干预模型的操作步骤和内容主要如下：

绩效分析：对参训者的工作绩效现状进行分析，主要从组织岗位环境等几个方面来进行。

差距分析：把当前的绩效现状和工作标准及预期目标进行比较，从而找出绩效差距，并对其原因进行分析。

课程开发：基于改进绩效的培训目标，对课程和课程实施的支持系

---

[1] 余新.教师培训师专业修炼[M].北京：教育科学出版社，2012：144.

统进行开发,达到促进参训者发展的目标。

执行:将课程和人力资源管理的政策落到实处,将培训作为重要的资本投入生产过程中。

评估:评估课程的投入成本和产出效益。

总体来说,绩效干预的课程开发模型是以绩效目标导向为理念,注重的是工作绩效服务的改进。

五、新课程标准下教师培训课程开发的流程

教师培训课程开发的流程主要有八个步骤(图5-3)。

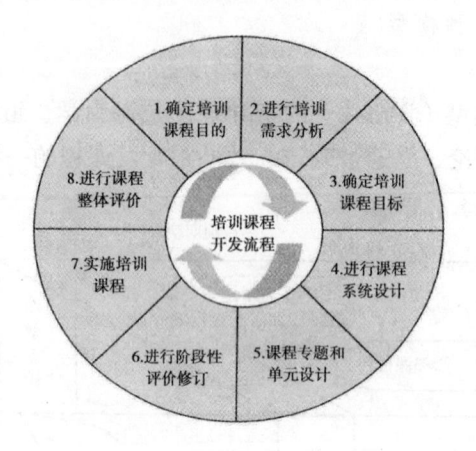

图5-3 教师培训课程开发的流程

(一)确定培训课程目的

课程目的是在新课程背景下说明参训者为什么要参加培训,课程的范围、对象内容都要以课程目的为依据进行设计。

(二)进行培训需求分析

课程开发的起点就是培训需求的分析,主要是判断组织和个人是否要参加培训、在哪方面需要培训、培训的重点是什么。

（三）确定培训课程目标

培训课程目标要说明参训者通过培训能够达到的具体标准，有可测、可评、可达的特点，和课程目的相比，更具具体性，不像课程目的那样抽象和宏观。

（四）进行课程系统设计

课程系统设计是对某一专题或某一类的培训需求进行开发的课程建构，主要任务包括确定经费预算、划分课程模块、安排课程进度、设计课程形态、选定培训场所等。

（五）课程专题和单元设计

课程专题和单元设计是以课程系统设计为基础，对各个模块的每一专题和单元的培训内容方法和材料进行确定。在进行课程专题和单元设计的时候，要注意各专题和单元之间的照应性，要具有逻辑性。

（六）进行阶段性评价修订

在进行完课程专题和单元设计后，要对课程的目的培训需求分析、课程目标、课程系统设计专题和单元设计进行阶段性的评价和修订，做好课程实施的准备工作。

（七）实施培训课程

实施培训课程主要有三个方面，分别是培训教学、培训管理和培训服务。在培训课程实施的时候，通常需要一个培训团队。培训教学主要包括教学技巧的应用、课堂时间的调控、学习氛围的营造等方面。培训管理包括教师的选择、培训质量监测评估等。培训服务主要包括培训场地的选择、教学设备的准备、学员学习档案的管理等。

（八）进行课程整体评价

进行课程整体评价是在培训课程完成后对全过程进行总结，主要分析培训目标的达成与否、学员的满意度及其原因，进行课程整体评价主要是为了进一步完善培训课程做准备。

第二节　新课程标准下教师培训模式的选择

培训模式是指出于社会和学科发展的需要，为了提高教师自身素质及知识技能水平而开展的各种教育活动的方式组合及其相互关系。我国自实施新课程标准以来，教师继续教育机构和培训者在不断的实践中认真总结以往的成功经验，借鉴国外的先进经验，形成了丰富多彩的教师培训模式。这些培训模式各有优劣，不同的模式适用不同的场景，在培训时可以根据实际需要进行选择。

一、"研训一体化"培训模式

（一）"研训一体化"培训模式的内涵

研主要指教研，训指教师培训，研训一体，就是指教育教学研究与培训相结合，融为一体。研训一体培训模式是我国教师培育机构从实践中创造、概括出来的一种实施全员培训的模式。一般研训一体培训由教师进修学院组织实施。20世纪90年代之后，研训一体合作研究成为国际潮流，它主要以科研做先导，以解决问题为目标，强调研究者和教师的密切协作，研训一体化模式有助于促进教师之间的互动。

（二）"研训一体化"培训模式的特点

教师的专业发展需要教研、科研和培训相结合的研训一体化培训模式，研训一体化培训模式可以解决教学中的实际问题，提高教师解决实际问题的能力，它是一种知识本位和能力本位取向并重的培训模式，主要有以下两方面的特点：

一是时代性和层次性。研训一体化培训模式有着很强的生机，它突出特点是打破了以往培训教研"两张皮"的现象，适应了当前社会和科学发展的新趋势，也和当代教育改革和学校发展的新要求相符。在具体实施时，研训一体化培训模式主要采取分层次分类别的培训方式，从而增强培训的效果。

二是针对性和时效性。研训一体化培训模式的培训内容和方式，以当前中小学教学的实际问题和学校教育改革发展的实际问题为依据，针对教育教学改革、教育管理工作中的热点、难点问题，寻求解决对策和方法，从而加强研训工作的针对性和实效性。

（三）"研训一体化"培训模式的实施

1. 了解现状和需求，寻找研究培训方向

教师培训和教研工作要坚持调研—培训—教研—再培训—总结的模式。在培训前，要到基层学校进行深入调查，了解教师的问题都有哪些、需要怎样的培训、教师喜欢哪种形式，根据基层学校的教学实际情况确定教研课题、培训课题，进行相应的培训，之后再教研。教研成果进行理性升华，转化成为培训的内容，再对教师进行培训时要为教师解决实际问题，为他们提供具体的理论和指导，同时推广教研成果，培训之后要进行培训效果的评估，总结培训教育工作的经验和不足，为下一次教研培训工作做准备。如此循环，使培训教研互为起点、互为内容，彼此促进，共同提高。

2. 不断学习培训，使教师得到专业化成长

教师有几十年的职业生涯，一次职前专业教育无法满足全部的技能

需要，因此教师的在职学习非常重要。在教学教育发展进程中，教学观念不断发生变化，课标、结构、内容、实施方式也在不断进行改革，这些都有助于促进教师的学习和思考。因此，学校要不断建立和完善教师的培训制度，指导教师开展教研工作，使教师成为一位学习型的教师。

（1）教师自主学习

教师根据自己的需要有针对性地进行学习。学校也可以通过一些措施来鼓励教师自主学习。

（2）同行互助

教师可以通过互相听课的方式加强相互学习，提高自身的教学水平，提升教学质量。学校也可以健全听课制度，采用学习型听课、指导性听课和检查性听课三种形式。在听课时，教师要根据本学科的特点，对本科的内容设置、内容衔接、教学手段、管理措施等方面进行评议，找出不足，总结经验，改善学科的教学工作。

（3）专家引领

学校可以请一些教育专家来对教师进行培训，专家带来的先进教育理念为研训教学实施提供扎实的理论基础，通过精神的引领、思想的碰撞、理念的升华，能够让教师的专业得到大幅度提升，从而带动学校整体发展。

3. 教学反思，促进教师成长

反思就是以实事求是的态度，反思自己在教育中的失误，总结自己的教学经验。通过反思，教师可以对自己的行为进行反思，也可以对自己的教学艺术进行反思，还可以对教学理念进行反思，通过反思教师可以找出自己的不足，从而不断提升自己的教学水平，提高教学质量。

二、微格教学培训模式

（一）微格教学培训模式的内涵和特点

微格教学又称"微型教学"，它是以反馈原理和教学评价理论为指导，利用先进的媒体信息技术对教师教学技能进行分阶段的系统培训活动。和传统型的教学培训相比，微格教学主要有以下几个方面的特点。

1. 教学过程微型化

教学过程微型化主要有两层含义：一是指微格教学的过程是虚拟式的，因为微型课堂是虚拟的，主要由教师角色、学生角色、评价人员、技术人员、指导教师构成；二是指微格教学的过程是片段式的。参训者只是讲一节课中的一小部分，主要针对练习一两项的教学技能，所用的时间一般是5~10分钟。

随着实践的发展，微格教学在教师教学技能训练中的含义又有了新的变化，主要是将某一教学课时，按照教学流程的顺序分为若干的时间段，这些时间段也就是教学的一个步骤，或者将某一教学课时划分为相同的几个时间段，通常来看是6~8个，或者在某一教学课时中以一定的时间来选取一个段落。在每个时间段中，教学课时由教师的一系列动作组成，然后分析评价人员对各个时间段里的教师进行客观的分析，评价制定出规范的动作，进而提高参训教师的教学效率和教学技能。

2. 教学技能规范化

教师的教学过程是动态变化的，而教师的教学行为也是多种多样的，怎样将教师教学技能规范化并进行合理分类，是微格教学中至关重要的内容。只有将教学技能进行科学系统的分类，才能使培训目标集中明确，才能使教师培训科学化，从而提高教师培训的针对性，提高教师的整体教学水平。

我国学者郭友将教学技能分为两大类：基本教学技能和调控教学过程的技能。基本教学技能包括教学语言技能、教学演示技能、提问技能、讲解概念技能、板书技能、教态变化技能六个方面。调控教学过程的技能包括导入技能、组织教学技能、反馈强化技能、结束技能四个方面。

3. 记录过程声像化

微格教学离不开声像技术的应用，一般培训机构都会有微格实验室，在实验室中都会有一套完整的摄、录、放像设备。

教师在进行培训的时候，可以通过声像技术对他的教学行为和学生的学习行为进行实时的记录，因此可以为小组讨论和教师自评提供现场资料。参训者可以及时地看到自己的教学行为，从而对一些不当的行为进行调整，如一些多余的口头禅，平时有可能注意不到，但通过录像可以直观地看到这些微小的动作，有利于参训教师进行及时修正。

微格教学可以减轻指导教师的负担，使其有更多的时间对参训者进行指导，增强培训效果。由于录像有存储功能，可以进行不断的回放，参训者可以对自己的教学水平不断进行反思，使技能得到再强化。

另外，利用积累的教学声像素材，培训者可以制作微格教学课程和教材，实现更广泛的传播，帮助更多的教师提高自己的教学水平。

4. 观摩评价科学化

在传统的教师技能培训中，其他教师的观摩和评价主要是凭借自己的记忆、经验，对优秀教师行为的规范化不够关注，另外，教学评价也没有一个明确具体的指标。而在微格教学中，不仅可以对教学技能有系统的分类，并且可以对教师的教学技能评价有一个细化的标准。运用一定的评价技术，对教师的每项技能进行公正合理的评价。

参评人员具有多样化的特点，不仅包括指导教师，也包括试讲人自己和其他的受训教师，这样能够使信息反馈多元化，促进教学评议的民主化。并且，由于评价是声像记录，因此更具有直观性、具体性和针对性，评价结果也比传统的教学评价更加客观实际。随着计算机技术的不断发展，还可以根据大量的资料构建评价模型，使评价过程变得更容易、评价结果更直观和可靠。

（二）微格教学培训模式的实施

微格教学是教师培训的一个模式，有着自己规范化的教学流程，如图5-4所示。

1. 事前的学习和研究

微格教学以现代教育理论为指导，对教师教学技能进行培训。在进行微格教学之前，教师应掌握有关现代教育理论、微格教学的基本理论等。通过理论学习，使教师掌握基本的认知结构，从而便于自己进行观察学习，提高自己对信息的敏感度和处理效率，促进学习内容的迁移和转化程度。

2. 确定培训技能和提供示范

微格教学主要是为了训练教师的教学技能，因此为了提升培训的质量和效果，在对教师进行培训的时候，对教学技能是逐个培训的。为了让参加培训的教师对培训的技能有一个更好的感知，在培训的时候要将培训目的和要求具体化。一般利用文字材料录像或者实际角色扮演的方式，对教师所要掌握的技能进行示范。示范的内容可以是课堂教学内容的一个部分，也可以是一整节课。如果在示范时采用的是放录像的方法，就需要对示范的步骤有一个详细的说明。示范的案例可以是优秀的案例，也可以是反面的素材。

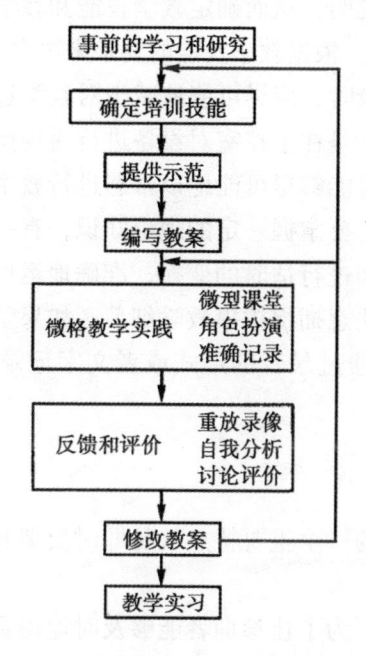

图 5-4 微格教学培训的实施流程

3. 编写教案

确定好培训的教学技能和课题后，参训者就要根据培训的教学目标、内容、对象和条件，做好教学设计，写好详细的教案，在教案中要说明教学技能应用的构想，另外还要注明教师的教学、行为时间的分配以及可能出现的学生学习行为问题及相应的对策。

4. 微格教学实践

在微格教学训练中，微格教学实践是其中重要的环节，主要包括微型课堂的组织角色扮演，并准确记录。微型课堂主要由四个角色组成：教师角色、学生角色、技术人员和评价人员。学生角色一般由参训者或者真实的学生来扮演。技术人员一般由专业人员或参训者担任。评价人员主要包括指导教师和参训者。

在进行微格教学的时候，如果是由参训者操作声像设备，就需要对其进行事先的指导或培训。

参训者在微格课执教之前要对本次课做一个简短的说明，对自己的教学设计意图进行说明，从而确定教学技能和教学内容的关系。讲课时间一般是5~10分钟，根据教学技能的要求来决定。

在进行教学记录时，应尽可能地减少对教学过程的干预，有条件的学校摄录人员，最好是在主控室对设备进行遥控操作，从而保持自然的教学气氛，使参训者能够尽可能地以常态进行教学。摄录人员也要不断地提升自己的水平，要掌握一定的理论知识，有一定的教学经验，可以根据教学进程对场面进行适时的变换，准确地运用推、拉、摇、移等拍摄技巧，特别需要注意捕捉拍摄教学细节。如果学校的条件不好，没有摄录设备，也可以通过录音的形式或者文字记录，对参训者进行语言训练。

5. 反馈和评价

微格教学培训的一个重要特点就是即时反馈和进行技术评价，具体包括三个环节。

一是重放录像。为了让参训者能够及时地得到反馈信息，当完成训练后要重新播放录像，可以让参训者亲自观察自己的教学行为，并与之前设计好的教学行为进行对照，从而找出不足。因为录像能够呈现图像，参训者看见后能加深印象，尤其是自己以前没有注意到的口头语言或者体态，以便在之后的教学行为中进行调整。需要指出的是，在播放录像的时候，需要有重点地进行重放。

二是自我分析。参训者通过观察自身的行为进行反思分析，从而不断改正自己的缺点，规范自身的教学技能。只有参训者客观地、理性地剖析自己，才能真正地了解自己，从而改变自己不规范的教学行为，不断提升自己的教学技能。

三是进行讨论评价。无论是学生角色、评价人员还是指导教师，都要从各自的立场来对微格教学实践进行评价，总结出优点和缺点，指出参训者努力的方向。一般来说，评价有两种方法：一种是根据每种教学技能培训目标的要求制作评价单，明确好评价的内容和标准，对参训者的教学行为进行评价；另一种是参训者完成微格实践教学时，对课堂上师生互动进行分析。这种方法是把教师的教学行为和学生的学习行为都进行范畴化，然后把这些行为范畴按照出现的顺序和延续的时间输入计算机，分析教师的教学行为和学生的学习行为。

6. 修改教案

参训者在经过交流和自我反思后，要对当前自己存在的教学行为问题进行修正，之后再进行循环微型课堂教学，进入下一教学技能的训练。参训者在单项教学技能训练告一段落后，要有计划地进行综合性的教学技能训练，直至参训者把各种教学技能融会贯通。

三、远程教育培训模式

（一）远程教育培训模式的内涵

远程教育是指由特定的教育组织机构，综合应用技术对各种教育资源进行收集开发，设计制作，建构一个教育环境，为教育对象提供教育服务，从而帮助教育对象远程学习的总称。远程教育主要有三种形式，分别是函授教育、广播电视教育、现代远程教育。这里"远程教育"主要是指最后一种"现代远程教育"。

现代远程教育培训主要是指采用现代远程教育技术，以教师远程培训网络体系为依托，以远程培训网站平台为载体，以实时交互教学系统为手段，对教师进行培训，培训的主要方式有交互实时授课、网上辅导答疑、自学支持服务等。

（二）远程教育培训模式的特点

远程教育培训模式的特点是具有开放性，突出参训者在教学中的主体地位，强调参训者的自主性、差异性、过程性和综合性学习，主要通过相互性学习、合作学习、分享成果等方式来完成培训任务，主要表现在以下几个方面：

第一，资源共享。远程教育由于依托网络，因此可以提供大量的、丰富的、最新的信息，从而丰富教育资源短缺地区的资源，为更多的教师提供优质的培训信息。

第二，突破时空的局限。远程教育培训模式可以让参训者不受时空的限制，随时随地进行学习，参训者可以对学习内容和形式进行自主选择，也可以接受个别辅导，从而不断提升自己的教学水平。

第三，学习资源丰富且具有选择性。互联网上有丰富的资源，是世界上最大的资源库。在互联网上，资源都是按照符合人类联想思维的特点和超文本结构组织起来的，因此参训者要学会自主发现、自主探索，选择适合自己的资源。

（三）远程教育培训模式的实施

远程教育培训体系是以高水平大学为龙头和核心，师范院校和其他举办教师教育的高校为主体，区域教师学习资源中心为服务支撑，中小学校本研究为基础，教师教育系统、卫星电视系统、计算机互联网络系统集成优势互补的现代教师培训体系，是教师培训的一个重要方式。远程培训主要通过实时与非实时授课系统、课堂双向交互教学系统、自学支持服务系统、网上辅导系统、自测系统等方式来进行，如图5-5所示。

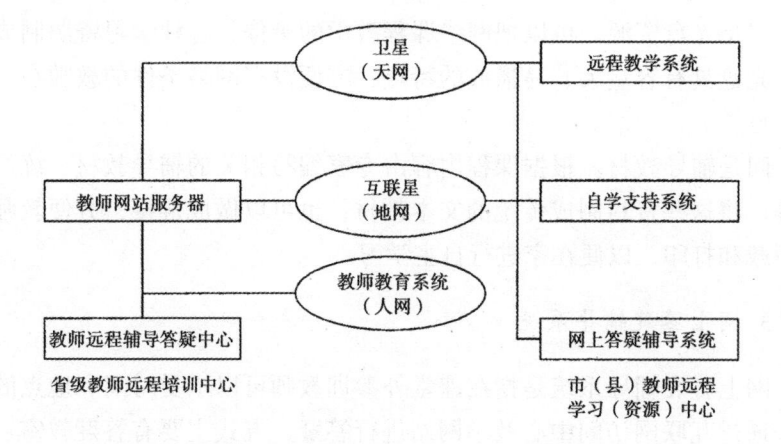

图 5-5　远程教育培训模式的实施[①]

1. 远程教学系统

实施远程培训模式，要通过一个主课堂和各地教师远程学习中心的分课堂进行交互式授课，一个主课堂可以和多个分课堂同步教学。通过互联网，在上课时，教师和学员之间可以及时进行交流与互动，根据课堂的情况，教师可以随时调整自己的教学内容方式和方法。课后可以把教学录像放在网上，让没有时间参与课堂学习的学员进行补修，从而保证每一名参训者都能看到专家高质量的课程内容。

2. 自学支持系统

在教师远程培训过程中，自学是一个重要的学习方式，这在时间和空间上都让教师有了很大的自由度。自学知识服务系统主要包括四个方面：

一是网络课程。专家队伍开发出优质的网络课程资源，包括文字、视频、图像、动画等。参训教师在学习时可以自由安排学习时间，进入学习网站中进行自主学习。

二是网络资源。由相关专家收集整理好与课程学习内容有关的学习资源和相关的学习网站，整理优化各种网络资源，突出新课程、新技术和师德教育，及时对内容进行更新，参训教师可以根据当前自己的实际问题和需要进行资源的选择。

---

① 陶秀伟.新课程与教师培训[M].沈阳：辽宁人民出版社，2005：135.

三是光盘资源。可以把网络课程教学的录像、各种学习资源制成光盘，光盘具有容量大、易播放的特点，方便没有网络条件的教师在家里进行自学。

四是辅导教材。根据课程内容由专家编写相关的辅导教材、练习试题等，将这些资料制成传统的文本教材，也可以做成链接，方便教师进行下载和打印，以便在家进行自主学习。

3. 网上答疑辅导系统

网上答疑辅导系统是指在课堂外参训教师可以不受时间和地点的限制，通过互联网访问中心教学网站进行答疑，方式主要有答疑教室、答疑留言板、答疑信箱等，主讲教师将教材同步展现给参训教师。每名参训教师都有一个账户密码，可以实现网上下载课件、互相交流、完成作业、信息搜索、进行自测等。

（1）答疑教室

就是利用开发的远程交互授课系统，安排辅导教师值班，通过网络定期向参训教师进行答疑，在答疑教室中参训教师可以通过视频向授课教师提出问题，也可以和其他同学进行交流，模拟现实的教室学习环境。

（2）答疑留言板

通过专门的学员答疑系统，参训教师可以以留言板的形式向授课教师进行提问，系统把问题提供给授课教师，授课教师回答之后，参训教师可以通过上网查看论坛记录，了解相关问题的答案。

（3）答疑信箱

参训教师通过答疑信箱向授课教师进行提问，也可以通过邮箱来提交作业，授课教师通过网络对参选教师的作业进行批改，并把结果反馈回去，对参训教师的学习过程进行评价。通过网上交流辅导，可以使参训教师更加深入地理解学习的内容，掌握学习的重难点，从而提高自己的教学能力与水平。

除了以上几种，教师培训模式还有很多种，如行动研究培训模式、案例教学培训模式、参与式培训模式，可以根据学校教师自身的实际情况进行选择。

第六章

校本教师培训的开展

自 1990 年以来,国家对教师的继续教育问题给予重视,以满足现代教育需求,适应社会教育变革,为面向 21 世纪的教师的专业发展开辟了一条有效途径。具有自主性、针对性、灵活性、开放性的校本培训,成为推动教师专业发展的一种有效的学习与培训方式。本章将探讨校本培训的本质及其实施的理论基础,帮助教师更好地理解校本培训的目的和教师专业发展的意义。

第一节 校本教师培训的内涵

理解校本培训的关键在于把握"校本"的三重含义:一是"为了学校"的目的性;二是"在学校中"进行的实践性;三是"基于学校"资源的依托性。校本教师培训紧密联系实际,以师生的直接体验为基础,主要教学方式为研究性教育。校本培训对构建学习型组织、培养专业化教师有着重要意义。理解校本培训的内涵是实践校本培训的基础,这种理解有助于更准确地把握其出发点和内在需求。

一、校本培训的界定

(一)校本培训主要是指一项集中在校的公开培训活动,校长是主要职责负责人

教师的校本培训是基于任务、岗位和学校。校长作为校本培训的首要负责人,赋予学校更大的自主权限以组织培训活动,这构成了校本培训的核心特色之一。同时,校训的本质并非封闭自守,而是展现出一种开放包容的态势。校本培训亦非完全置于中小学的管理之下,尽管此类培训形式存在,但其质量与实效性却不尽如人意。因此,在考虑在校培训的时间与地点时,我们应构建一个以校本培训为基石、以中小学为主体的岗位培训模式,该模式应展现出开放式的架构。

(二)校本培训应通过校本培训机构将集中培训和教师自学相结合,整合所有教育资源

教师校本培训类似于专业培训机构所组织的集中培训,同时辅以教

师的自主学习。根据实验结果，中小学教师既需要校本培训机构的指导与支持，也离不开与中小学相互依存的成长环境。此外，研究还显示，教师的自主学习虽为校本培训的关键环节，但其与校本培训本身存在显著差异。教师校本培训受到多重因素如培训与学习活动的组织、专家指导、项目研究及教学实践的推动，同时辅以在线交流及实践情境的体验。因此，校本培训能够整合培训机构的核心培训与教师的自主学习，结合多样化的教学资源，构建出独具特色的教师校本培训"场"。此种培训模式可最大化地提升培训效果。

（三）学校教师培训是由教育行政部和培训机构规划共同领导的一项纪律严明的活动

为确保教师培训的有效性和规范性，避免校本培训的停滞和不规范现象，应将其整合进教育体系并制定严格的管理标准。尽管学校在教师培训方面拥有较大的自主权，但校本培训应受到教育培训机构的规划和指导，对于继续教育来说，这一点尤为重要。师范教育需优先满足师资队伍素质的整体需求，并对校本培训进行宏观规划与指导。培训机构还应为校内培训提供专项培训支持，同时寻求与中小学等校本培训机构的合作与支持。

（四）校本培训既要解决教师问题还要满足学校发展

校本培训应坚持以教师为本，兼顾教师团体和个人的全面发展。为确保培训的有效性，其标准必须紧密贴合教师的教育教学需求，解决实际教学中的问题，并服务于学校的整体发展目标。在制定培训主题和需求时，应优先考虑提升团队整体素质及规划未来目标，二者互为支撑，缺一不可。有人将校本培训简化为解决短期教学问题的工具，这种看法过于狭隘，缺乏远见。经过深入实践与理性反思，我们重新定义了校本培训：在行政部门和培训机构的共同规划与指导下，以教师为核心，以满足学校和教师的发展需求为导向，构建联动学习机制，整合多元化培训资源，形成开放的师资培训中心，并由中小学校长担任首要负责人。

二、校本培训的特征

（一）自主性

在学校教学中，学校是学校教学的发起者、规划者和实施者，强调教师和校长参与、讨论和解决学校问题，为教师制订未来的学习和个人发展计划。因此，有效实施校本学习需要以学校自主权为前提。随着我国教育管理体制的改革，逐步引入了主体责任制和现代学校制度。学校在学校管理、课程开发权和教师聘任权方面具有一定的自主权，为办学的实际实施提供了制度保障。校本学习的自主性主要体现在两个方面：校本和教师本。

所谓校本培训，主要表现在学校自主开发和实施课程。学校按照各级教育行政部门制定的关于教师继续教育的方针政策，独立分析学校和教师的需求，充分挖掘学校内外资源的教学价值。根据学校的办学目标、教学改革的实际和教师专业发展的规律，学校教师培养计划明确了目标、内容、教学方法、管理制度、考核制度等。

所谓教师导向，主要表现在教师参与课程的制定，使教师成为学习的主动参与者，而不是学习的被动接受者。过去，校外机构提供的培训，无论是高等教育机构还是专业师资培训机构，往往将教师变成被动接受者，因为参加培训的教师无权参与培训计划的制订，他们没有权利决定学什么，也无权决定如何以及何时学习。校本学习注重教师专业发展，强调学校是教师成长的地方。因此，它强调尊重教师的个体差异，鼓励教师自主制订个人发展计划，参与学校教师培训计划的制订，充分利用教师经验作为学习资源解决面临的实际问题。

（二）相关性

学校自主规划与实施是校本学习的重要前提，而学习内容的针对性则是校本学习的一大优势。学校学习旨在解决学校及教师在教育培训中所面临的挑战与问题。通过职业培训、教师进修以及教学研究的有机结合，鼓励教师进行自我反思与行为观念的改进，进而提升他们的专业技能，促进教师的专业发展，并确保教师发展与学校发展的和谐统一。由于校本培训完全由学校自主规划和实施，其教育活动主要在校内进行，因此能够紧密结合学校的教育教学实际和教师的专业发展需求，以及学校的整体发展目标。这种紧密结合确保了校本培训的高度针对性和实效性。

校本学习的意义在于解决学校发展过程中出现的问题和教师个人专业发展中的问题。由于学校外部环境和内部资源的差异，学校的发展必然会体现差异，必然会产生独特的问题需要研究、讨论和解决。

校本培训为更新教育理念、开发教师智力资源、共同解决学校发展中的问题提供了契机和平台。对于教师来说，由于教师的年龄、学科、教育水平、社会经历和发展水平不同，对专业发展的需求不同，教育教学中出现的问题也不同。学校教学是根据教师的相关特点和需求为教师制订个人发展计划，确保个人计划得到落实，营造有利于教师自我反思的学与教环境，并根据个人进度及时调整学习，解决教育和培训中遇到的教育哲学、知识结构、技能和心理等实际问题。

（三）灵活性

校本培训的核心目的在于推动学校和教师的共同发展，其主体对象为学校内的教师群体。鉴于各学校的发展定位及教师特性各异，校本培训在内容设定、渠道选择、对象组合以及时空布局等方面均展现出较高的灵活性。培训内容的设计紧扣教师需求与学校发展愿景，涵盖课堂教学技能提升、技术应用能力培训、新知识新技能探索等多个维度，致力于解决教育培训过程中的实际问题，助力教师职业发展。学习项目不仅面向全体教师，也可根据个别教师的特殊需求进行定制，既可以是新教师培训项目，也可以是针对骨干教师的深化培训。在教学方式上，可以采用一对一自学、专家指导、分组研讨、专题讲座、教师论坛、专题研讨、案例分析、工作坊观察[①]等多种形式的有机结合，确保教学效果的最大化。同时，学习对象的选取也需根据具体的学习内容与教师特性进行灵活调整。

---

① 代蕊华.教师专业发展与校本培训[M].北京：教育科学出版社，2011：33.

（四）开放性

虽然校本培训是以学校为基础的，但这并不意味着校本培训完全依靠学校自己的资源进行。一些学校规模小，学校人员不足，缺乏提供校本学习的经验和机会，这时就要学会利用外力来维护校本培训的开放性。同时，在有特色的学校或有自身优势的学校开展开放办学，也为相互交流学习提供了良好的环境。

一般来说，校本学习可以充分利用以下三类外部资源。一是其他学校的实力。与其他学校合作开发校本学习资源，共享所需，优势互补，在经验交流和资源共享中提高。二是高校和专业师资培训机构的实力。他们在教师培训方面有比较成熟的经验和先进的理念。学校需要与他们沟通，发展良好的合作关系，学会"租船出海"。三是社区资源。作为社区重要组成部分的学校，应了解社区的资源分布情况，适时在社区组织一些学习活动，如邀请社区知名人士参与学校课程的开发等，最后将社区的特色转化为学校的特色。

三、校本培训的功能

（一）有效地贯彻落实国家和地方政府教育方针政策，体现教育改革前沿理念

经过国家和地方政府精心制定的教育政策、指导方针和先进理念，最终需要依托广大教师的力量得以落地实施。若教师的教育理念和教学行为未能得到相应的更新与转变，任何教育改革都只能停留在纸面之上，难以产生实质性的效果。因此，学校教学作为连接政策制定者与一线教师的桥梁，承担着将国家和地方政府的教育改革政策、方针和先进理念准确传达给教师的重任。同时，学校还需结合自身的实际情况，将这些政策、方针和理念灵活地融入日常的教育教学行为之中，以确保改革理念能够在课堂上得到有效实施。

(二)有效营造良好的学习文化,促进学校的可持续发展[①]

学校秉持教育创新精神,积极倡导教师融合个性化教学与协作教学策略,以培育并塑造积极健康的学校学习氛围,为构建学习型校园铺设坚实基础。当前学校的内外环境日新月异,而教师既有知识体系逐步老化,因此唯有持续学习,方能填补教师在知识与能力上的短板,推动其专业素养的不断提升,并深化学校对外界发展的认知。此外,教师还需具备应对变化的能力,这对于教师的专业发展至关重要,唯有不断提升这一能力,才能为学校长远发展做出应有贡献。

(三)有助于教师的个人专业发展

过去,传统的在职教师培训模式往往未能充分重视教师在培训过程中的主体地位,导致他们大多时候只能扮演被动接受者的角色。在这种模式下,培训的主导权与资源供给主要依赖大学及专业教师培训机构的专家。然而,现代教育理念认为,学校不仅是教学的主阵地,教师更是宝贵的教学资源。因此,我们倡导一种新型的培训方式,鼓励教师主动反思教育教学实践中遇到的问题,从而赋予教育教学新的内涵。通过这种方式,教师在实践中反思,在反思中学习,不断提升自己的教育教学能力,逐渐由普通教师向研究型教师转变,从而推动他们的专业发展,进而提升整体教育教学质量。

第二节　校本教师培训的类型与科学体系研究

要确保校本培训的有效性,就要确保其实施的合理性和科学性,通过在实践中共同制定培训方案,确定培训目标和内容,测评校本培训的效果,基于受训者以及学校的发展目标,密切结合实际,探究学习,将

[①] 代蕊华.教师专业发展与校本培训[M].北京:教育科学出版社,2011:34-35.

培训的效果最大化。

一、校本培训的类型

（一）师生配对模式

师生配对模式源于传统的教育实践，同时又在新时代背景下焕发出一对一教学法的生机。具体而言，校内资深教师与青年教师、经验丰富的老教师与新入职的教师，形成了一对一的师生搭档。这种方式可以给青年教师或新入职的教师提供指导，帮助他们快速提升和成长。同时，资深教师在传授经验、指导青年教师的过程中，也实现了自身的持续发展。这一模式有助于形成积极的教学氛围，推动教师队伍的整体优化与提升。

（二）自主学习模式

教师独立成长作为校本培训的核心目标之一，其实现路径在于强化教师自主研究。这意味着教师需依据个人职业规划，有针对性地汲取教育理论与知识，通过持续自学与实践，不断进行自我反思与探索，从而实现自我完善与提升。同时，教育专家也要认识到，优秀教师的教学和指导同样需要经历一个自我消化与内化的过程，方能获得实质性的助益。必须指出，任何脱离教师自主学习与提升的外界教学辅助，其效果都将大打折扣。这就强调教师主体性的教学方法，不仅实用性强，而且有助于推动教师持续成长，是一种具有长远发展潜力的教学模式。

（三）反思训练模式

反思作为教师自我提升的关键环节，是指教师针对自身的教学与学习行为及其成果进行深入分析的过程。这一过程不仅有助于增强教师的自我意识，还能促使他们批判性地审视自己的教学实践，从而积极寻找解决问题的新思路和新策略。通过持续的反思与实践，教师的教育教学能力将得到显著提升。

二、校本培训的理念与理念依据

（一）校本培训的基本理念

1. 校长是学校的开发者和教学的主要负责人

校本培训是教师专业发展的主要途径。办学以学校为中心，教学面向全校师生。学校组织授课，包括内容的选择、时间的分配和方法的确定。培训的目的是解决学校发展中未解决的问题，促进学校的良性发展。因此，校长作为学校的法定代表人，应当是校本学习的开发者和负责人，同时还要在学校组织校本学习，满足师生发展需要。

校长要了解教师专业发展理论，熟悉教师专业发展规律，了解国家和社会对教师的要求，提出学校教师发展的思路和目标。校长应正确认识学校发展和团队建设的目标，并以此作为制定学校学习目标的依据。从教师发展的角度来看，学校的每一位教师都应该接受全面和个性化的培训和教育。教师的培养和教育必须符合学校的总体发展目标。因此，应该通过促进教师的个体发展来促进教师群体的发展和学校的发展。

在制定普通学校课程时，校长需确保为各类教师量身定制最适宜的个别化课程，并明确指出各自的发展方向。在实施校本培训过程中，教师应成为核心焦点。学校设计的校本学习计划必须全面考虑并满足每位教师的个性化需求，以激发其参与学习的积极性。校长可通过组织教师座谈会、发放问卷、深入讨论、实地调查以及课堂互动等多种途径，深入了解每位教师的发展诉求。在此基础上，与教师共同制定个人成长目标，并将这些目标的实现路径有机融入整体的校本教师培训体系中。

校长应积极参与校本学习的全过程，涵盖学习主题的选定、受训者的确定、培训活动的组织，以及培训成果的评估等多个环节。针对具体的培训活动，虽在时长上可灵活调整，但需始终确保拥有清晰明确的主题。在校本培训的实际操作中，校长应肩负起选择教学课题的职责，审慎遴选适合的学生参与，并对整个学习过程实施有效监督，最终对学习成果进行严谨检查。

需要注意的是，校长并不仅限于个别校长个体，而是泛指学校的最高管理层，是学校教学的开发者和首要负责人。尽管校长可将校本学习方案的设计与实施任务委托给诸如学校委员会、教师办公室或专门的"校本学习领导小组"等机构，但校长本人仍需深度参与并发挥关键作用。

2. 教师主动学习是校本培训成效的关键因素

积极学习的重要性无可置疑。只有当学习变成一种主动追求，而非被动接受时，它才最具价值。在校内的教学活动中，应特别强调激发教师主动学习的意愿，即通过校本培训激发教师内心的学习动力。目标是让教师在学习过程中主动产生"我想学习"的感觉，而不仅仅是因为学校的要求而学习。这种学习态度的转变对于提高教育质量和教师个人发展至关重要，尤其在学校的日常教育实践中更是如此，但这些想法需要在学习过程中改变。教师学习的动力可能是由于外在因素，如在工作中争取更好的成绩、升职、学位等，但使学习更有效的是人的内在动机。在学校教学过程中，只有教师具有强烈的内在学习动机，学校教学才能有效。

在学校教育过程中，激发教师的主动性是至关重要的，这不仅涉及教师在课程设计和具体教学活动的参与度，而且还强调了教师在学校教学实践中的主体地位。参与式学习作为一种将学习者置于学习过程中心的理论，特别强调学习者对自己学习的主动参与和责任承担，这一点对于教师来说尤为适合。因此，在校本培训中，增强教师的参与度和积极性，对于促进教师的个体学习和专业成长具有极其重要的意义。

积极的教师教育应当重视个性化教师培训的需求，这既是一种价值观也是对学校培训系统的一项要求。因此，校本培训不仅仅是简单地提供统一的课程内容，而是要整合和调整以适应每位教师的发展需求，从而激发教师的自驱力，实现教师专业成长的个性化路径。

3. 同事间的相互学习和讨论是校本培训的重要形式之一

教师在工作中相互学习是一种重要的校本培训形式，对建立学习社区大有帮助。

教师之间的协作与学习，尤其是同龄教师间的互动，是其专业成长中极为宝贵的实践资源。同事间的相互理解不仅促进了彼此间的知识交流，更推动了教育方法的全面优化。在同一教育环境下，所有教师共同追求着一致的教育目标。尽管每位教师都拥有独特的教学风格与经验，但他们均会遭遇相似的教育挑战。因此，教师群体间的经验分享与教学研讨显得尤为重要。这种研讨的价值不仅体现在对书本知识与理论的学习上，更在于对其他教师实践经验的借鉴与吸收，这是单一教学模式所无法比拟的。任何教育经验都有其特定的应用范畴，同事间的相互理解不仅为教学工作提供了实践基础，更展现了教师间的团结合作精神，为构建学习共同体奠定了坚实基础。

协作学习和校本培训工作坊的主题和内容不仅要切合教师的个别需要，还要切合学校的整体需要。协作学习与讨论议题的确定既可以由教师根据个人教学经验提出，也可以由学校根据整体教育教学发展的需要来制定。为确保教育教学的质量和效果，校本教育应制订详细、系统的计划，旨在促进教师个体的专业成长、教师群体的协作进步以及学校整体的教育教学发展。

在校本培训框架内，协作学习和工作坊的内容设计必须紧密围绕教育教学的核心业务需求展开，同时，也需涵盖学校发展及学校管理等多个关键领域，以确保培训内容的全面性和实用性。在一所追求卓越的学校中，每位教师不仅要在教育教学领域表现出色，更要积极投身学校的整体发展和管理事务中。教师作为学校的核心力量，应主动承担责任、参与决策，而非仅仅作为被动执行者。充分实现以师为核心的办学原则的有效途径是让学校的每一位教师都参与到学校的发展和管理中来，并通过协作学习和讨论来激发教师的思考以及反思。这不仅适用于学校，对个别教师来说更有价值和意义。

4. 中小学与校外机构的合作是校本学习成功的保证

校本学习不应孤立。中小学在校本学习过程中必须与校外机构合作。这是校本学习成功的重要保证。此类校外机构包括大学、职业培训机构等。

中小学与大学及职业培训机构的合作，为教师培训注入了丰富的资源，包括最新的教育理论、教学方法和研究成果。这种跨机构合作使中小学教师能够直接接触到教育前沿的实践和研究，提高了培训的针对性和实用性。大学和专业机构提供的专业课程为教师提供了持续学习和专业成长的平台，帮助他们更新知识体系，提升教学效率和效果。这种合作模式不仅加强了理论与实践的有效结合，而且是提升教育质量和支持教育改革的重要途径，有效提升校本培训的质量和效果。

中小学、大学等教育职业培训机构之间的合作应受到高度重视。为确保教师全面掌握校本培训的内容，教学不应仅限于抽象内容和信息的传递。教师需持续致力于专业学习，融合多学科的知识、概念、策略和技能，以解决现实世界中的复杂问题，并在课堂和日常生活中提供学术指导。教育不能脱离现实世界，除了掌握课程和教科书内容，教师还需深入了解外部世界，把握现实事件的来龙去脉，并将课堂学习与现实世界紧密相连。在此过程中，教师的社会实践经验具有举足轻重的地位。

5. 校本培训是所有教师培训的一个组成部分

校本培训作为教师技能提升的主要渠道，虽非唯一，却具有诸多积极效应。然而，其益处并非全面覆盖，亦非固定、刻板的模式。各学校应根据自身实际情况制定差异化的要求和指标，且同一所学校在不同阶段也需适时调整。持续演进的校本培训旨在满足教师理论与实践的双重需求，确保其与教育发展的实际需求相匹配。本质上，教育办学应秉持创新、发展的理念，唯有如此，校本培训方可成为教师培养体系中不可或缺的一环，为推动教师队伍的整体发展贡献积极力量。

（二）校本培训的基本理论依据

1. 教师小组互动场论

在教师成长的设计过程中，必须紧密围绕解决问题这一核心目标，以行动研究作为实施路径。考虑到教师的群体构成及其发展动态，应倡导与学校管理层、教师团队、学生及其家长展开深入的合作研究。在项目式学习与研究共同体的框架内，教师专业发展研究将教师置于核心地位，课堂工作组成员作为重要参考，学校成为培育新一代专业教师的内部环境，而社会则构成了教师发展的外部空间。在这一过程中，各方需保持紧密的协同互动，以确保教师专业发展的顺利进行。

2. 教师职业智慧发展理论

教师职业具有独特的专业标准和要求，其专业化进程是渐进的，并依赖于专门的培训和管理体系。教师职业涵盖了特定的专业领域和知识体系，其专业化过程包括学科专业化和教育专业化两个方面。学科知识范围从一般知识到超自然主义，专业化范围从经验到科学知识和文化经验。教育活动的增长和基于项目的学习方法尤为重要，其发展要注重实践智慧发展的动态过程，明确知识与社会知识的互动关系，注重知识和学科领域的教育培训。在重大事件的推进过程中，只有当教师角色得到充分发挥时，其重要性才能得以体现。

3.教师专业成长能力与素质理论

教师专业发展理论认为，教师专业从技术复杂的模式转变为研究实践模式，进而发展为研究型研究模式。为教师进行校本职业培训做好准备需要建立一套教师专业成长和知识指标。其核心内容涵盖职责、素质和特长三大方面。首先，职责部分主要探讨教师需履行的基本责任、完成的关键任务，以及他们需要实现的目标和达到的标准。其次，素质部分强调为了胜任这些职责和任务，教师需要具备的心态、品格、知识水平以及心理素质等，这些素质体现了学校对教师整体工作目标的期待。最后，特长部分着重于教师在完成工作、提高教育效果过程中所应具备的专业能力，包括评估工作影响和教育有效性的标准。这三个方面相辅相成，共同构成教师专业发展的基石，不仅明确了从普通教师向优秀教师转变过程中的质量要求，也为教师的自我提升、教学质量的创新提供了指导，体现了教师在不同发展阶段及创新时期的责任和作用。

为促进人才发展和实现教师职责的有效性，教师绩效标准应遵循学校的命令制度、执行制度和反馈制度，形成对教师的监督机制，保障制度运行的效果和效率。这在促进教师职业成长和提升教育质量的过程中发挥着重要作用。

4.教师培训、研究和专业发展的整合理论

现代教师教育理论认为，教师的专业发展主要依赖于学校对教师的培训。建立校本教师培训场域理论，为教师专业发展开辟了有效路径。其一是导师引领的综合研究和教学模式。这种模式将案例研究、教学研究、教师生活与专业发展相结合，构建了一套重要的学校预备模式。这种模式不仅阐述了教师专业化发展的过程，还能将教师融入"教师专业化"的实验和推广中。其二是"教研一体化模式"。在这种模式中，教学实践是教学的基础，专业发展领域的教研思路是为了激发教师群体的成长需求，避免在教育项目的选择上盲目投递；开展职业培训创新，避免教学和研究过程变得模糊；取消了教学研究和评价的实际效果，取消了评价体系和评价结果的标准制定和应用。

三、校本培训的科学体系

（一）课程分类

校本培训的目标要精准，效果要好，最好做专门的训练。如果学习目标是笼统的，就很难实现或表现出低效。例如，以下四个课程主题分别是：校长培训、小学校长培训、小学领军教师培训、提升小学校长研究能力的专项培训。显然，培训的主题越具体，培训的主题越统一，培训的效率就越高，培训的相关性和有效性才能更高。学校的不同组织结构必须严密、联动，各司其职。

（二）操作系统[①]

现行的学制是校本培训具体实施的一部分。成功的校本课程通常满足以下八项要求：

（1）教学方向应为"校本"。
（2）培训的主题应清晰易懂。
（3）学习目标应该有梯度（能力建设、概念转变等）。
（4）课程内容应以目标为中心。
（5）教学方法应服务于目的和内容。
（6）学习条件必须与客观存在（时间、形式等）相对应。
（7）组织方式应体现多层次、多主体。
（8）应提供培训、评估和监测。

开发项目的下一步是校本培训的正常运作。通常，具体的学校学习项目运作有四个阶段：申请阶段、审查阶段、实施阶段和汇报阶段。

---

① 许占权，张妙龄.教师培训理论与实务[M].武汉：武汉大学出版社，2019：225-232.

（三）评分系统

考核评价可以起到反馈、调整、导向和激励的作用。有效开展学前准备的关键在于评估和评估体系。评估具有双重作用：评估项目和指导下一阶段的培训。考核体系应由培训专家和行政专家组成。评估工作必须非常仔细，通常可以分为以下几个阶段：

（1）提前制定考核方案，征求变更意见，力求科学、可操作。

（2）校本培训中心项目组组织的评审组将对现场所有项目进行认真、客观、公正的评审。这主要是通过听取报告、阅读手册、检查文件、举办研讨会和深入评估来完成的。

（3）在所有项目评估完成后，校本培训中心项目组将对所有评估结果进行综合评估。

（4）公布评估结果。如果对评估结果有异议，将进行重新评估。

（5）公示结束后，校本教学领导小组将出具文件公布考核结果。

（6）在学校召开总结学习和答谢会，及时盘点情况，表扬先进，组织下一轮学校准备工作。要想在学校取得好成绩，就必须有一支培训师队伍。

教师不仅是学习者、研究人员、课程设计者和实践者，也是指导者和学习管理者，负责规划和制定学校课程，制定学校教学策略，审查学校教学项目，制定学校课程，参与学校学习活动，确保学校评估标准并进行评估。研究团队通常由专家学者、地方名师、教育局教研带头人和教师、学校教学指导员、学校领导和骨干教师组成。

四、校本培训的问题与创新

（一）校本培训存在的问题

1. 教师缺乏学习热情

教师培训往往需要花费大量的时间和精力，但效果并不明显。甚至还有相当一部分教师仍然认为培训只是被动参与，效果不好。造成这种情况的重要原因之一是教学内容和形式是学校自主开发的，忽视了教师专业发展中自主成长规律的研究。这是否能激发教师在专业发展过程中的自我意识，是衡量先进学校办学效果的重要标准。

2. 点对点自助模式有待进一步完善

同伴支持是最常见的校本培训形式。但在学校实践中发现，最初同事们的意见交流和互助在各方面都很热情，收益也是巨大的。有教师写道："有很多值得学习的经验是我以前没有机会学习的。这次我要好好学习。"但有些教师很快发现，经过几次交流后，同事之间所谓的互助交流很快就失去了新鲜感，越来越没有成效。另外，有时言语控制能力差，很容易导致人际交往出现问题和矛盾。对于学校来说，当教师失去与同行交流的热情，这些为教师的专业发展设计的形式就变得形同虚设，毫无意义。

3. 教育教学反思越写越枯燥

学校要求教师写教与学的感想，教师也会觉得有道理。经过几次对教育培训的认真反思后，他们可能会意识到反思确实可以改善和增强自己的学习，这对个人学习是有益的，能够提高教学水平和专业发展水平。但是随着时间的推移，编写教材和教学反思是极其困难的，只有少数教师能坚持下来。繁重的教学任务、琐碎的课堂作业和各种学校杂务使教师很难每天都做到这一点，对教育培训的思考自然会被遗忘。更现实的困难是每天重复上课。一个成熟的教师很难在重复的工作中找到新的感觉，很难对自己的教育教学活动保持热情。这些都使得教师的教育教学反思越写越枯燥。

4. 专题和讲座越听越迷茫

多年来，学校热衷于举办专家讲座和报告。几乎每一位教师每年都会多次听取各种形式的专家讲座和报告。一开始，专家们的讲座和建议总是新鲜而精彩，充满哲理和智慧。但大家很快发现，听多了，专家判断问题的方向就开始变得宏观了，原来这些东西似乎并没有直接针对教师的实际问题。学校希望在学校和课堂上有专家来指导教师的专业发展，但问题是真正懂课堂、熟悉教学、能帮助教师解决实际问题的专家太少了。教师是一个庞大的团队，只依靠专家是不现实的，而且没有那么多合适的专家。

不同学校的办学情况有所不同，但影响办学效果的主要因素是学校管理、校本培训体系的完善和新技术的引进，以及教师专业发展的激励。只有克服或解决这些关键问题，保持不断"新鲜"，信息资源不断更新，校本培训才能保持生机勃勃，从而支撑校本培训的不断发展。

（二）创新推动校本培训深入开展

1. 不断挖掘我校资源，充分发挥"土专家"作用

教育的更新进步主要依托于内在和外在方面。从学校内部来看，关键在于不断挖掘学校骨干教师的教学经验，创造一个有利于交流和合理的环境。通过安排合理的教师工作和交流机制，可以使教师在研究创新、自我认识以及反思创新的过程中不断生成新的知识和经验。这种做法成本低且效果显著。

2. 基于校本培训创新的现代信息技术

信息技术的发展，特别是网络和在线教育的发展，为教师提供了无限的资源和无限的交流。校本信息资源可以利用多种学习资源不断更新。通过网络交流结交的培训伙伴和合作伙伴可以使校本培训保持活力。

3. 在区域学校之间建立教师专业发展合作

特定区域内不同学校的教师专业发展网络，与学校间区域性教师专业发展网络的形成相联系。增加网络获得校际合作这样的组合是校本培训的"更新版"，体现了校本培训的特色，同时也促进了校际资源的"协作"和"伙伴关系"。校本培训以一所学校和自身的经验和知识为基础，扩展到多所学校，教与学的知识和经验成倍增长，客观上对教学和教学的知识和经验产生了巨大的影响。这种多样化的知识和经验是校本研究的宝贵资源，尤其是在学科教学方面，一所学校同一课文准备小组的教师人数有限，彼此之间相对熟悉。教学科研难以不断创新。校际办学规模扩大后同一学科教师群体成倍增加，知识和经验非常丰富，校内的校

本培训网络可以共同发力，充分利用资源，提高校本培训效果。校本培训联合发展不仅可以共享各校的知识和经验，还可以通过成本分摊制购买和使用优质教育资源，复制共享，降低成本，提高效率。

第三节　校本教师培训模式研究

在教师终身学习工程中，项目实验研究组开创了充分体现开放性、灵活性、实用性和创新性特点的校本培训模式，宏观视角下的校本学习模式对校本学习的健康发展起到了引领作用。其中最典型的就是"三型十环"模式。

一、"三型十环"模式的运行

"三型十环"模式的操作实践步骤：模式Ⅰ—模式Ⅱ—模式Ⅲ是"学习—岗练—考评—分层—研制—师导—定向—专修—独创—发展"螺旋式上升模型[①]的开发（图6-1）。"三型十环"模式具体适用于各校时可灵活多变。由于学校类型不同，教师构成不同，可以说，教师的个体素质并不是完全同质的，一种模式不可能适合所有教师参与教与学。因此，当使用基础培训模型时，其他两种模型仍然同时存在，但它们的比例不同。"三型十环"模型将优质教学和教师发展转化为一个动态的发展过程。该模式不仅适用于不同类型学校的教学模式选择，也适用于教师的分类教学，为教师专业的持续发展扩大了领域，为实现新目标提供了契机。

---

① 刘堤仿. 教师校本培训学[M]. 杭州：浙江大学出版社，2004：7-26.

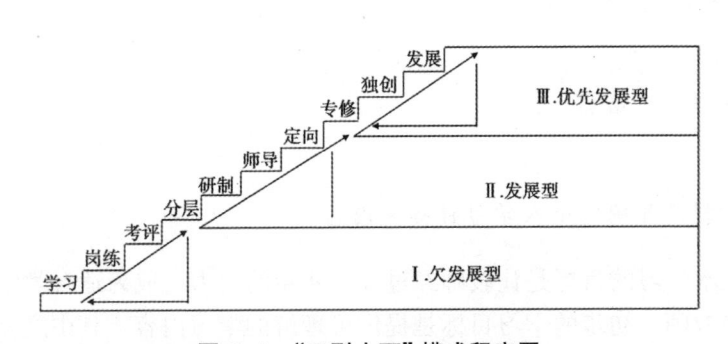

图 6-1 "三型十环"模式程序图

二、"三型十环"模式之一——学习—岗练—考评—分层

这些模式适用于偏远农村学校和工作条件较差（主要是师资水平较低）的欠发展学校。这些学校的教学以补课为主，教学内容主要包括师德素质、教育知识、基本教学技能、新专业课程标准、新教材和初级计算机技术等，目的是培养合格的教师以满足新课程的要求。

欠发展学校的校本学习模式的主要程序有：目标设定（循环目标）、分散自学、集中学习、部队训练组织、分类指导、绩效考核、分级分组（优秀、平均、差）。基本上，欠发展学校的学习模式的工作为每五年一个周期。在周期结束时，被确定为具有后评估资格的教师可以进入教学模式，而其他教师将继续在该模式的第二个周期中学习。

以下是国家于 21 世纪中小学教师继续教育工程试验区海沟小学实施模式 I 的实例。

学校由 8 个学习点联合组建。学校现有教师 31 人，学生 414 人。距市中心 60 多公里，信息受阻，交通不便，当地经济发展缓慢，属于条件较差的山区学校。直到 2001 年底，学校才安装了一部无线电话，但还是没有解决信息屏蔽的问题。由于条件不利，校舍陈旧，师生购买桌椅主要依靠外部赞助。1993 年，为了响应九年义务教育政策，学校配备了图书和教学工具，但是很多工具和教材都不适用，图书大多也不适用。学校条件差，限制了教师质量的提高，好教师留不住。教师教育基础薄弱、教学方法落后、人才素质低、教学水平低、教学质量低、办学成绩差导致教师素质低下，教师去外面学习时的学习难度较大，教师的水平难以达到素质教育的要求。该实验校区采用的校本教师培训的模式具体方法包括如下几点。

（一）系统培训

1. 制定并确定个人学习目标和内容

校本学习的目标是让教师经过3～4年的努力，成为适合教学需要的合格教师。初步的学习目标是提供可理解的学习内容。其中之一是培养伟大的教师道德，激发教师的自我奉献精神。二是加强教育领域的专业知识，为学书育人打好基础，主要包括两个方面：教育基础理论，即教育学和心理学领域的知识；学科专业理论和基础知识。三是教师专业技能，主要包含三个方面：(1)教师的基本能力，如教师的智慧(观察、思考、想象、动机)和教师的表达能力（语言表达、情态和书面表达）。教师审美能力（对自然美、社会美和艺术美的判断和理解）；(2)教师的专业能力，如教师的教育能力、课堂管理能力、教学能力；(3)学科教师还应具备一般资质或特殊专业能力（音乐、体育和审美教学能力、教师自我提升能力，如教师的自学能力、教育研究能力、撰写课堂论文的能力、人际交往能力等）。

2. 采取有效措施，保证教育内容的落实

一是组织教师自学。每次评估帮助教师确定学习主题，推荐教材，帮助教师结合教学进行自主学习和反思。二是组织一系列的培训。学校规定每周五下午为教师集中学习日，主要进行专题讲座、研讨等，并邀请相关专家来校讲学。两年来，他们组织了基础理论培训、师资培训、汉语培训和计算机培训，组织了一系列活动，如开展"以身立教，为人师表，服务育人"教育活动，开展师德和教师行为调查，组织学生和家长参与公开评价，对教师道德和行为进行评估，等等。

（二）在职培训

许多教师通过深入学习和自学，获得了一定的教学经验，发现了许多有价值的问题。总体上，教师教学水平低，远不能满足素质教育的要求。为此，学校组织全体教师进行了岗位操练。具体方法如下。

1. 掌握教师职业基本功

在教师专业发展方面，学校以教学基本功为突破口，开展"一话（普通话）""两字（钢笔字、粉笔字）""三课（公开课、高质量课、示范课）""四技能（教具制作、视听培训、多媒体课件、教学科研能力）"培训，开展大型操练和教师竞赛。每学期末的前一个月，学校会为所有教师安排一名评委对教师的备课、教学、批改、辅导、考核、评课以及论文进行评鉴并张榜公布，评选出各种奖项。颁奖极大地激发了教师的教学热情和主动性。

2. 开展培训提高教师素质

一是练习"说课、讲课、评课"。将教学与课堂教学创新相结合是训练教师工作的主要方法。具体流程如下：教师提前备课—说课（须有说课手稿）—讲课（需邀请学习组组长和部分骨干教师听课）—学习组组长和骨干教师评课（每个环节都要写评价）—教师课后的反思再说课。通过这种方法促进了课堂教师技能的发展。教师进修班中，任职仅一年的新任教师熊燕在区组织的活动课比赛中获得二等奖；肖大明教师在区举办的说课比赛中获得优秀奖。

二是坚持"听讲、写听后评价、分析、反思教学"的做法，帮助教师反思教学，不断总结经验，取长补短，帮助提高教学技能。具体方法如下：全员听课，选课，写课评（主要针对教学设计、教师行为、学习方式和学生素质提升）和反思教学（编写反思后的课程教案）概述，编写创新教学课程。这些由一线教育工作者和研究人员组织，根据这些课程，每个月教师都会讲课和研究讲座，教务长将参与其中，对讲课进行评论并收集意见。这种方法有效地提高了教师的教学技能。

3. 做好骨干教师的教学工作

在骨干教师培养方面，要实现以下目标：大力开展教育培训一体化活动，提高教师教育教学能力；提高专业训练领域最优秀教师的资质，并在监督下积极开展训练，导师组织公开课提供锻炼自我的机会；积极向上推荐骨干教师。让他们接受上级部门的联合培养，加快名师项目进度。骨干教师培训结束返校后，将他们现场经历、取得的学习成果分享出来，将知识应用于课堂教学，这对所有教师都有潜移默化的影响。

4. 严格培养青年教师

青年教师是学校的希望，是学校重要的师资力量，青年教师的培养对学校的发展具有重要意义。学校以35岁以下教师为重点培养对象，每学期培养1~2名各学科青年教师，反复进行听、说、评等方面的培训，掌握教育理论和教学技能，并提高他们的教学能力，高度重视新教师的培养。学校明确规定，新任教师必须在培训前5天收到教材和教法，培训后参加考试。聘用后，由有经验的教师指导协助一年；年底，教务处将进行综合评估。

（三）严格考核

1. 制定评级体系

教师测试结果是对学习周期的年度评估。年度考核结果涉及教师职称考核、优秀教师评选、教育领军人物、教师聘用等。每两年进行一次学习周期评估，评估结果将作为第二轮校本培训的依据。

2. 制定考评模型

注重教师自我反省和自我诊断、学生和家长的参与以及全面的教师素质保证。评估工作相互联系，形成工作网络。基本考核程序是"教师个人申报—完成学习研究组统计—学生及家长公开核查—办公室初审—继续教育办公室核查—学校批准"。本方案各级功能明确，要求明确，工作方便，效果明显。

3. 注重专业等级

通过考核，教师可以明确自身能力的差距和问题，可以给自己施加压力，增加自身素质提高的紧迫感。考核内容有三方面：一是知识程度的考核，主要包括政治理论知识、学科专业知识、教育法律法规等方面的知识；二是专业技能考核，主要包括公开课、示范课、精品课；三是对教学方法的评价。此类评估主要采用答辩方式，用于检验教师在教学实践中能否帮助学生理解学习内容的本质，能否清楚地说明呈现学习内容的过程以及如何达到学习目标，答辩是否完整、清晰等。

4. 分级推进

培训期结束时，教师分为优秀、一般、差三个等级。高级教师接受"发展性校本学习模式"的培训，而其他教师则继续在该模式中进行第二阶段的培训，并确定合适的终身学习策略。第一，聘请优秀教师带领新任教师。第二，教龄在5年左右教师正处于人才培养的关键时期，学校应该为他们设定新的目标，以提高他们对如何成为人才的认识。第三，中年教师的发展处于稳定期。这一时期是教师工作的黄金阶段，且这些教师往往具有专业成就感，因此学校必须积极推动研究和创新，以反思学习和行动。第四，学校教师要尊重、信任和关心他们，鼓励他们积极更新知识，鼓励他们上进。

三、"三型十环"模式之二——分层—研训—师导—定向

这一模式适用于普通学校，大多数教师（或学科）都在机构接受过强化培训，即发展型学校。这些学校占中小学总数的60%~70%。培训的主要内容是新的教育理念、教学方法、信息技术（高级）、案例研究等。培训的目的是培养能够满足素质教育需求的现代教师。

发展学校的基本办学程序为创建不同层次的小组并提出目标—集体训练—专题研究—系统的教师指导—教学技能综合评估—反思和概括—重新分层以定义新目标。发展型学校原则上每5年开课一次，循环结束。经评估确定合格的教师可以继续进行模式Ⅱ的培训，其他培训在该模式的第二个周期继续进行。

下面以武当路小学实验区采用模式Ⅱ为例。

武当路小学是实验区一所大型小学，是一所发展型学校。教师来源复杂，年龄结构不成比例，知识基础和教学质量参差不齐，教育科研能力不足。针对这一现实情况，1998年以来，学校坚持以提高教师的教育教学能力和教育领域的研究机会为目标，以研教相结合、结对学习为主要形式，在学校开展了各种培训活动。在终身学习工作中，采用行动研究法，初步探索了"多层次、以教师为主导、研究教学为主"的通用互动学习模式，实现了全员培训、全程化、标准化、全面保障，教师素质取得显著成效。

根据学校设定的目标和校本学习的整体互动模式，学习活动有助于

教师有针对性地发展，具体工作流程如下。

（一）结合现实，逐层创建群组

学校根据教师的年龄特点和每位教师自身的实际情况，将教师分成不同层次的小组，并根据学生的个性化需求确定不同的教学内容。在实施过程中，教师分为三个层次。第一层次为青年教师，只有20人，这些教师工作时长较短，缺乏一定的教育教学经验，他们专注于学习能力和教学实践。学校根据要求，规定此类教师一年内须有一篇一万字以上的读书笔记，订阅两本及以上教育性报刊，拜两位资历较长的教师为师，进行四堂公开课，普通话达到二级乙等以上。第二层由中老年教师组成，共35人，他们专注于理论知识的学习和观念的更新，即教学创新。这一层次的教师应认真学习教育理论专著做学习笔记并记录心得经历，并撰写两篇论文，听30节课，上好创新训练课，达到普通话二级。计算机技术两年内达到中级水平。第三层次为一级骨干教师，共20余人。他们具有较强的教学能力、较高的专业水平和一定的教育科研能力。因此，他们应该面向教学和研究的发展，即教学和研究培训，通过专业的提高，部分教师已经往更高的专业和更加科学的方面发展。

（二）研究与学习相结合，促进发展

1. 比赛与研究互动，激发教师自主学习的动力

为充分调动教师教与学的积极性，提高学习效率，让教师真正实现外在力量转化为内在的"我想学"驱动力，学校采用"基于竞争的学习和研究"，使用学习和研究策略增强教师的自我驱动，以创造一个强大的、协作的学习环境。具体方法如下。

开展各种面对面的比赛，鼓励教师在课堂上成长。例如，一年一度的"教材与教学方法测试大赛""视听教育月""视听质量"等。班级比赛有"教学研究月""创新"比赛、"班级教育活动"比赛、"优秀教学与方法论作品"比赛、每年两次"优秀课程评估"比赛、"师生月""大师与学生才艺"展示、"讲评讲课活动""学习成果展示月"等。学校比赛应注重过程，注重教师的积极参与，每一次比赛都是教师前进的阶

梯。为确保活动的有效性,学校决定采用激励型考核方式,主要评价每位教师在活动中的参与情况,并将评价作为每位教师的薪酬考核的一部分纳入年终评分和考核。这能在很大程度上调动教师的参与积极性。在每次比赛中,参赛教师通过努力取得良好的成绩,实现以赛促研,深入研究,扎实实践,勇于创新。此外,鼓励教师积极参加校外各类竞赛,着力培养骨干教师。学校参加市比赛的原则是参加比赛就要取得好成绩。参加比赛的各位教师认真备课,深思熟虑。学校还开设了特殊课程,骨干教师会竭尽全力帮助准备比赛。赛前对组织的重视不仅展示了参赛教师的实践能力,也开发了教师的创新潜能,增强了教师之间相互学习、相互研究的积极性和凝聚力。

2. 以研究成果为培训内容

一方面,学校将教育科研成果、学校名师分享的各种经验,以及在教学实践中创造的新的教学方法,汇聚成一本书,并将其转化为校本学习资源;另一方面,注意外地教学信息的引进。积极探索创新教育和素质教育的新趋势、新理念,选择这些资源作为校本学习内容;更新教学方法,指导教学实践,塑造学习特色;深入开展教学科研活动,优化课堂结构,全面提升教育教学质量。本着以研究兴师、以研究强校的原则,学校完善了教学部、教研室、教改实验组、研究组等研究机构,研究方承担着为研究准备教师的任务,培训侧重于从界定课题、制订研究计划、撰写研究报告等方面提出一系列建议,从根本上提高教师研究的整体水平。

3. 以设计研究为载体,提升教师的研究能力

为鼓励教师积极投入教学科研,学校制定了"科研育师"战略,积极打造"市级模范学校"。学校提出将教育研究与提高教育教学机会相结合,逐步缩短科研成果转化为课堂学习动力的时间,实现创建一批名师的研究目标。在试点项目中人人参与、人人协作,充分体现了师资力量和学校教学的主体性,部分教师体现了"应用学习理论、专题教学、推广教学经验"的基本要求。

近年来,学校的许多课题已在各级研究、教学部门中得到了阐述和确立。学科研究从不成熟到成熟、从不规范到逐渐规范。学校设有8个中心专题组,通过案例学习过程,全体教师的教研水平都有所提高,

每个课题都取得了增量成果,其中由两个市级课题"学科课程理论研究""启发式教学法的应用与推广"完成。

(三)对教师进行分类,促进教师改进

为有效提高教师教学能力和教育研究,学校充分利用校内外名师资源,为各学习课题组进行讲学、演示、指导,并解决问题。他们的主要做法如下。

1. 骨干教师牵引

学校大胆聘请在校实践经验丰富、理论水平较高的教师和研究组带头人担任学校教学的教师。骨干教师每学期要开设并上好1~2个精品班和示范班,还要实现"一师多生,一生多师",发挥"传递引导"作用,促进教师快速成长。

2. 聘请专家来校指导工作

学校根据教师资格条件,邀请教研室和市教育学院教师来校讲学、听课、评课,并进行专题讲座,指导教研教师。

3. 分享学习经历

学校为教师外出学习制定考察制度,每年投入6万余元经费,为学校50余人外出学习提供经费保障,外出学习的教师回到学校以后准备报告并开展专题讲座,引领示范班,实现一人学习、多人受益的效果。

4. 交流技巧

多年来,学校采用"走出去请教"的方式,邀请学校教师到姊妹学校任教或邀请外校名师来校讲学、听课、评课、召开交流会,拓宽教师的视野并丰富他们的经验,提高教师的教学能力。

(四)定向发展和逐渐完善

方向在校本培训中非常重要。定向决定着教师未来的发展方向。学校教学的总体重点是教育全体教师,教师要更新教学和待遇观念,树立

优质教育理念，改善课堂学习，适应教育教学改革需要，具有良好的敬业精神和崇高的精神职业道德，努力成为核心教学教师、学科带头人和研究型教师。每位教师要根据自己的兴趣、经验和教学科目仔细评估舞台准备，以明确自己的发展方向。

四、"三型十环"模式之三——定向—专修—独创—发展

该模式适用于市、县、区重点学校、试点学校、示范学校等重点发展学校。学习内容在发展学校学习的基础上增加学科实验和培训。模式Ⅲ是对研究型教师和有经验的教师的培训。

领先发展型学校运作基本流程为分类定位；特殊培训（确定研究或培训的关键主题或进入临时培训）；项目结束；成果展示；专家诊断、反思和总结，定义新的发展方向。原则上，该周期每5年进行一次。在周期结束时，调整训练计划。

下面以人民路小学实验区实施模式Ⅲ为例。

学校拥有教室38间，学生1898人，教师126人。在这些教师中，拥有本科及以上学历的有28人，专科学历的有71人，大专及以上学历的有26人。教师资格合格率100%。35岁以下青年教师占教师总数的86%。1998年以来，学校坚持教师终身学习的学习理念，大力探索定位—专业—初创—通用互动学习模式，实施了完整、标准化教学，提高了教师综合素质，学校管理取得显著成效，先后获得中央教育科学研究所德育研究中心、省文明局、省现代信息技术学校和省实验学校的奖励，获得教学管理示范学校等80多项荣誉称号。

在几年的实践过程中，学校积极研究了定向—专修—独创—发展的教学模式，这一模式充分尊重个别教师，并使教学可行和可持续。

（一）目标定向

教师继续教育学院的总体方针是更新教育观念，发展优质教学理念，通过全体教师的继续教育，提高课堂学习质量，适应教育教学改革的需要，努力使教师群体成为教育教学的基础，成为学科带头人和研究教师。在该政策的指导下，学校根据教师实际情况，制定了学校教师培训五年计划、学校教师素质提升年度计划和学期计划；教师制订个人计划，根据个人所需制订自我培训计划。

在年度课程中，学校确定同年龄、教育水平学科教师，并根据其他教师的需要，组织整个学习期间的教学。每周举办组织领导力强化活动以及培训。

在师资培养方面，学校将 106 名专任教师分为三类：一类新教师 16 人，二类合格教师 58 人，三类骨干教师 32 人。学校针对这三类教师分别有不同的发展要求：要求新教师要发展基本功，争取早日成为合格的教师；要求合格教师接受综合职业培训成为主力教师；要求骨干教师在教学中创新实践，塑造鲜明的个性和教学风格，成为科研教师和教育教学专家。一些职业教师需要发展特长，掌握技能。这样教师就能明确自己的发展方向，可以有目地制订自我发展规划，这在很大程度上体现了教师的主体地位，避免了终身教育中"人人普惠"的现象，让教师具有主动性。

（二）专业修身

在专业化方面，学校采取了团体专业化和个人专业化相结合的方式，在师德专业化、研究型专业化和分类自学三个方面进行了衔接。

德育是素质教育的基础，教师的职业道德是教师素质的基础，高尚的师德和奉献的意愿是教师教书育人的基本条件。为树立教师的良好形象，学校开展了以下活动。

1. 读书与自我提升

学校提出每位教师每年应精读 1~2 本教学理论专著，以提高教师的教学理论水平。在师德师风建设方面，学校持续开展"教学·树·创"和"典型事例讨论"活动。作为"学·树·建"活动的一部分，学校会为教师购买专门的书籍，并要求教师分组开展自学报告阅读会和自学测试。学期结束后，教师交出学习报告材料 120 件，集体学习报告材料 12 件。作为典型案例讨论活动的一部分，学校依次从各大报刊等媒体收集了 10 多个案例研究，打印出来给每个教室的教师，让每个人都能学会分享和表达意见。在本次活动中，教师传授了 280 多份教材。在阅读和自我提升方面，教师法律意识得到加强，师德师风得到提升。

2. 每周培训活动

过去，学校定期举行周例会，达成月度主题以及周例会和内容。几年来，学校连续举办法律法规宣传月、教师禁言月、先进案例报告月、知识研究竞赛月等活动。学习省、市关于加强教师职业道德建设的法令，学习教育法、教师法、未成年人保护法等法律法规，培养教师的法律知识和职业道德。为大多数教职员工提供竞赛活动、培训和指导，以提高他们的法律意识和职业道德。在"我为附小添光彩"学术月活动中，20多位高、中、青年教师上台分享了他们的教与学心得，以及他们眼中优秀教师的功绩。这在激励教育和促进教师职业发展方面发挥着非常重要的作用。

3. 实践教育活动

在学习和自我提升中，教师的品德水平最终会受到教学实践的检验。为了加强实践教育活动，第一，要求班组长负起责任，以身作则，充分发挥班组成员的模范带头作用，用自己的言行帮助其他教师积极参与，在教学实践的过程中，找出问题，相互比对，抓帮助超；第二，学校通过学生访谈、家长访谈和教师访谈了解教师的教学和学习情况；第三，对教师道德进行广泛的研究。几年来，学校对全体学生家长进行了6次师德调查，收集问卷10800余份，充分体现了家长在教师监督中的作用。同时，通过接待校长、开设校长信箱等方式，对少数有师德师风问题的教师进行了帮助。学校多年来的教育实践取得了显著成效。

4. 举办教育理论讲座

为在学校教学框架内提高教师教育理论水平，学校不仅对教学进行监测、测试和评价，还积极组织各类特殊教育理论讲座，组织教师参加全国专题讲座。几年来，学校组织教师参加国家级专题讲座8次，省级专家讲座15次，市级专家讲座20余场，如省教育科学研究所叶平教授、姜英利教授受邀为全体教师开展创新教育项目和课堂教学讲座，学校邀请市教育研究中心高俊宇教授进行教育研究方法和实验数据处理专题讲座，邀请局市级教育机构领导为学校教师作转变教育观念专题讲座。学校还充分发挥骨干教师的作用，为教师作专题讲座，传达教学、科研和教学改革的信息，分享经验，组织教师参加在市召开的专家学术报告会。通过一系列的理论训练，教师掌握了教学方法，能够及时消化吸收一些先进的教育理论，促进了其教学理论水平的提高。

5. 开展专题研讨

学校的特色教育活动针对性强、效果好。首先，学校将教师划分为14个学科组，由学科组长负责制定专题作业。每个月的最后一周被指定为一个特殊的活动周。实验教师相互交流最新理论，总结最近的研究成果。其次，学校每学期召开2~3次全校专题会议，分享经验。在专门的经验分享会上，每位实验教师要发放经验材料进行小组交流，并选择优秀的经验在全校范围内分享，营造教师之间的激励氛围。最后，进行一次特殊的课堂报告活动。每年学校都将10月视为特别活动的月份。所有案例教师向班级汇报，然后研究组推荐1~2节课向学校汇报，进行案例研究和汇报。几年来，学校举办了20多场专题经验交流会。教师讲授专题讲座380余场，专题研讨会6场。此类专题活动有力地促进了专题研究的深入开展。

6. 开展"九课"讲、听、评活动

每学期，学校为全校教师开设领导力课程、人文学科、标准课程、精品课程、观察课程、汇报课程、研究课程、专业课程和讲座。其中，人文学科和标准课程是对新教师和青年教师展开的；重点班、观摩班、研究班、专题班，主要针对十位学科骨干教师和教研骨干，主要是为了发挥他们的强大优势，使得教学处于领先地位；为教研组全体教师提供优质的课堂和讲座；汇报课程适用于外出学习传达所学知识以帮助每个人拓宽视野的教师。在本次九课活动中，教师传播、协助、开展活动，认真讲课，学校鼓励教师取长补短，相互学习提升教学思维，提炼和深化教学知识。通过九课实践，全校教师教学质量得到迅速提高。

7. 新教师专业化

基本的教学技能足以满足教师的基本素质。近年来，学校狠抓新教师"一话二写三字"的教学，即普通话、课程写作、教学经验写作、钢笔字、粉笔字、汉字符输入的培训。学校有2名省级普通话测试员，他们充分利用自己的普通话优势。每学期，普通话水平较低的教师将在特定时间和地点接受培训，并进行阶段性测试。在课程设计上，学校允许发挥和利用各学科教师和老教师的作用，让他们定期检查、相互评价和交流，做到文笔规范、文笔流畅、思路清晰。在教学写作经验方面，部分教师具有较好的写作能力，受过培训的教师会将课程传授给每个人。至于"三笔字"，他们坚持每周练一次。学校继续教育办公室定期进行记录和评估，并在全校范围内举办展览和评估。为适应教学手段现代化，他们还加强了五笔输入法、同拼输入法、ABC智能输入法教学，使教师具备适应现代教学的基本技能。新任教师在掌握了基本功后，通过了1700多篇钢笔作文，精选了100多门各学科的优秀课程。

8. 师资队伍专业化

目前，共有32名来自省、市的主要教师和学科带头人。为了他们更好地发展，一方面，学校积极为他们在学校营造舞台，让他们施展才华、表达自我、获得成功感、激发创业精神；另一方面，他们被送到城市学院和大学继续深造，吸取他人的成功经验和成就，促进自己更好更快地发展。据统计，近年来，学校先后派教师到华中师范大学、湖北教育学院等高等院校继续深造。这些教师经过培训和自学，成为校本培训教学改革的排头兵。

（三）独创特色

如今，得益于教师专业化和学校组织的集体专业化，学校教师的终身教育呈现出自己的特色，教师的教学方法有自己的特色，教师自身有专长。具体体现如下。

1. 在开放日期间组织培训活动

学校将每年的4、10月定为教育教学公开检查月，实行教学内容公开、教法公开、受众公开。一组带头教师向全校开课，其他教师可以随时听课学习。同时，学生家长也可以了解教育情况，提出教学建议。在第一个月的教育活动中，学校还举行了教育比赛。每门学科选拔1~2个优质班级上报学校。学校在当月的最后一周开展了高质量的成绩评估活动。近年来，学校总共花了8个月的学习时间，举办了160多场教学，引入了一系列独特的课堂学习形式，发现和培养了30多位新的教学人才。

2. 开设星期六学校

为营造良好的学习环境，拓展课堂时间和空间，分享学习先进知识，提供优质教育，服务教与学，学校大胆尝试开设真实世界的"星期六"学校，为教师教授计算机和英语口语进行培训。学校根据每位教师知识结构的差异，将所有教师分为基础班和高级班，以满足各自的要求。计算机培训旨在普及计算机应用技术，重点学习计算机基本知识和工作技能。学校一贯对教师进行计算机基础知识、软件和硬件、课程设置和网络信息获取方法等方面的培训。会话英语旨在为学习者创造一个学习英语的环境，并促进学校的英语教学。他们为整个学校的教师培训准备英语口语交流大会。周六学校的开课，让学校现有教师100%使用电脑，100%教师可以使用校园网络平台的资源进行教学，60%教师可以创建课程，98%教师可以使用校园教学平台资源。

3. 科研与教学紧密结合

对于科教教师来说，科研能助学校兴旺发达，一支训练有素的教师队伍必须是善于发现问题、敢于探索、敢于创新、善于协作和分工的群体。在教师教学中，学校应高度重视教育与科研的重要性和作用，力求科研与教学相结合。目前，该校96%的教师都有自己的研究课题。经过几年的研究实践，他们已成为一支善于教研的教师队伍。在科研的强大冲击下，一批骨干教师探索了"自学、用"等新的教与学方式，尝试了"以学生为中心、参与式"的教学方法，突出学生主体地位，受到家长和市教育主管部门的好评，该研究成果被评为湖北省二等奖。在德育方面，学校教师参与科学和教学研究，研究"三、一、二"德育工作工作模式，并建立了小学生德育评价体系，使学校德育工作水平全面提升。通过培训和专业化，学校的一些教师开始具有了特色。例如，汉语带头人陈华平的练习班，将练习与学生的活动紧密结合，让学生想写，练习水平不断提高；美术教师形成了自己独特的方法，充分发挥想象力，开创出别具一格的美术课。教师使用这些新的教学方法不断提高学校的教学质量。

（四）持续发展

　　通过校本培训和教师自身的努力，许多教师不断接近自己的标准和学校为他们制定的标准。学校如何更好地促进他们的发展？一是齐心协力为他们创造条件，制定新的发展目标；二是要求教师根据自身实际情况制定新的发展规划，遵循新的更高的标准。

　　作为学校教师培训计划的一部分，我们将继续研究符合学校实际的教学模式。培训将更有针对性、更有效，重点培养一批经过严格训练的教师队伍，如引进来自省市的名师主流，并形成具有学校特色的教学方法论和教学模式，早日实现"出名师、创特色、作表率"的目标。具体措施包括：一是加强双语教育的准备。经过强化训练，教师必须结合先进的教学理念，掌握一定的教学技能。每个学年，学校都会为教师提供标准化的试卷。二是加强现代教育信息技术与学科教学的结合，利用互联网教育资源，整合学科教学资源，提高课堂学习效率，全面提高学生学习质量。这是教育和研究的进步。继续走"以教为本、以学为本"的办学之路，全面推进素质教育，深入培养研究团队和经验丰富的师资，开展课程改革和课堂改革的学习策略研究。特别是在基础教育阶段，开展研究，培养学生的创新精神和实践能力，争取在理论和应用方面取得显著成果。学校的发展必须从定向重新开始，所以学校的定向—专修—独创—发展模式实际上是在持续不断向前推进的。

第七章

教师培训的管理研究

　　做好教师培训离不开相关方面的管理，要建立高效的教师培训管理机制，做好培训项目的管理，必须重视培训管理者素质的培养。科学合理的管理是教师培训活动持续系统高效开展的基本保障。

第一节 建立高效的教师培训管理机制

教师培训管理的质量决定了教师培训效果，要想取得良好的培训效果，必须有一个高效的培训管理机制。

一、教师培训管理机制的内涵

教师培训管理机制是指教师教育机构培训管理系统的结构及其运行机理，是在教师培训管理实践中形成的制度和体系。从本质上来说，管理机制是管理系统的内在联系功能和运行原理，是决定管理功效的核心问题。

教师培训管理系统主要由培训管理团队、培训管理工作流程、培训管理制度、质量标准等方面构成。

二、教师培训管理机制的特点

教师培训管理机制的特点主要有以下四个：

一是实践性。这是指教师培训管理机制经过了实践的检验，是在实践中形成的，是一个有效的、比较固定的管理体系。

二是制度性。教师培训管理是一个体系，而不是单纯的指培训管理的方式和方法，它包括运行、评价、反馈、激励、监督等方面。

三是可行性。教师培训管理机制是经过实践检验的，是由实践证实了的理论，是理论的加工，因此培训管理机制必然能够有效运行。

四是发展性。当一个培训管理机制建立后，并不是不再发生变化了，而是随着时代的发展和进步，培训管理机制也要进行相应的改进，从而保证培训管理机制可以适应时代的发展不断完善和创新。

三、教师培训管理机制建立的理念

教师培训管理是教师培训中的重要部分，是教师培训取得良好效果的保障。因此，在建立教师培训管理机制时应遵照一定的理念。

（一）以教师为本

教师培训管理机制建立必须以教师为本。教师培训是为了帮助教师解决自己在教学实践中遇见的具体问题，促进教师主动进行教学反思，改进在教育教学中的行为。教师培训的目标要建立在教师主动合作的基础之上，如果教师不主动参与培训，则无法实现教师培训的目标和应有的意义。以教师为本的管理理念为教师主动参与培训，提升自己的专业能力，构建了一个良好的学习氛围，可以让教师感觉到被尊重、被理解，有利于教师培训活动的持续展开。

（二）讲求效能

教师培训管理必须讲求效能，教师培训活动要在合适的时间地点，为教师提供合适的培训内容，教师培训和其他管理活动一样，也要以效率和效果为管理的追求目标。因此，在强调教师主动学习的基础上，要加强对教师培训活动的组织规划激励和反馈。同时，教师培训既要关注教师当前面临的教学问题，又要为教师可持续发展提供新的培训内容，促进教师的可持续成长。当前教师不再只是传统意义上传授知识的角色，新课程改革下教师更要成为研究者、创新者、引导者，教师既要会教书，又要会教人。这就需要教师培训管理活动注重树立长远的效能理念。

（三）追求质量

培训质量是教师培训存在的意义，实现规范化的管理是提升培训质量的保证。在教师培训中，既要强调教师培训的自发性，也要注重培训的科学性，既要注重教师的主导地位，也要注重规章制度的建设。归根到底，教师培训的质量由教师培训内容、方式和管理的质量来决定，因此要做好相应配套的管理规章和运作程序，进行必要的监督管理。在进行教师培训时，培训机构应根据国家的方针政策、法律法规，结合当前教师的需求和学校的培训目标，建立严格的规章制度，做好科学的工作程序规划，使教师培训做到有章可依，规范培训。

四、教师培训管理的常规内容

如果教师培训管理解决不了操作层面的问题，再好的教学培训理念、组织职责和人员安排，都是纸上谈兵。下面从以下方面来探讨教师培训的常规管理内容。

（一）招生管理

当根据国家地区或学校的培训规划安排好具体培训项目后，就要选择参加培训的教师，也就是要进行招生管理。教师培训管理招生要坚持公开、公正、自愿的原则，要根据国家、地区、学校等的培训目标，向全体教师进行培训说明，公开的内容应当包括培训的目的、内容、时间、场所、方式、培训者、考核形式、教师条件、学校负责人等，从而为教师选择适合自己的培训项目提供一个依据。公正原则就是在招生的时候不能拒绝符合条件的教师参加培训。自愿就是指教师自愿参与，一般不强迫教师参加培训。

（二）学习管理

学习管理就是对教师参与培训过程实施的管理，教师培训的项目有很多种，如课题研究、专题讲座、教师论坛等。类型不同，在学习过程和培训内容的选择、时间安排、场所资料提供方面都会不同。因此，教师培训学习采用项目制，通过具体的项目来进行管理。比如，专题讲座可以采用集中式培训的方式，因为主讲教师通常为骨干教师或专家，考虑时间培训成本上可以采用集中培训的方式，为了增强教师培训的效果，要预留出培训者和参训教师直接进行交流的时间。在进行教师培训的时候，要根据当时的培训条件和培训项目特点，探索适合的学习管理方式。

（三）信息管理

教师培训信息管理可以为教师反思自己以往的经验教训、调整将来的培训规划提供依据，教师培训既要关注未来，也要关注过去和现在。信息管理主要包括信息收集系统、反馈渠道、反馈信息处理系统。教师培训管理要通过集中或分散的方式，把这些信息反馈给实施教师培训的组织，对信息进行处理，并将处理结果作为之后调整培训内容和相关教学行为的依据。

（四）档案管理

为参加培训的教师建立档案，包括具体的项目名称、内容、时间、效果等。培训教师档案管理有助于培训机构了解培训项目的开展情况，为教师培训评价提供资料。建立档案最好采用信息技术手段，建立专门的教师培训数据库，以提高管理效率。

五、教师培训管理流程的建立

教师培训管理流程起到多种作用，包括分配任务、进行人员分工、启动交流培训计划、交流培训计划的执行落地、效果评价等。要想建立高效的教师培训管理机制，就需要建立一套完善的交流培训管理流程，以便对教师培训状况的开展进行协调、监督、管理。

世界著名质量管理专家戴明提出PDCA循环管理过程理论，教师培训管理流程也可以据此来建立，主要包括培训计划、组织实施、监督检查、总结评价四个环节。余新教授总结多年"国培计划"管理经验，提出"五大里程碑式"培训管理步骤和"十项核心管理任务"。"五大里程碑式"培训管理步骤包括培训需求确认、培训方案设计、培训资源配置、培训组织实施和培训评估反馈。"十项核心管理任务"包括培训需求分析、撰写项目申报书、制定实施方案、组建项目管理团队、开发课程资源、优化师资资源、教学组织实施、培训质量监测、综合保障管理和培训绩效评估。

六、建立教师培训管理制度

形成良好培训管理机制的核心内容就是培训管理制度的建设。所谓制度建设，就是通过制定人们在工作中要遵守的规则，规范约束和限制人们的行为并使之合理合法地活动。在教师培训工作中，培训管理制度是培训工作规范进行有效实施的保障。当前来看，各级教育行政部门出台了一系列的相关政策和管理制度，但是，政府出台的管理制度相对来说都是比较宏观的，在培训机构具体实施时还要制定本单位的具体培训管理制度。

从培训机构层面来看，培训管理制度一般要包括三个方面：一是建立相应的质量管理机构，厘清培训机构各个部门的关系，明确各部门的职能职责；二是建立培训项目管理制度和质量评估标准，对教师培训项目实施过程进行全程的监督和管理；三是建立教师培训经费使用管理制度，建立学员的考勤制度及学习制度等管理制度。

七、构建培训质量标准体系

当前来看，教师培训工作越来越受重视，各地政府将教师培训经费列入了专项资金，为教师培训出台了一系列的项目，投入了很多的人力、物力、财力，但是从教师培训效果来看却不甚理想。教师培训的针对性和时效性还不足。从影响因素来看，教师培训效果受到很多因素的影响，如一些培训机构的管理还是传统的管理方式，对培训效果的关注不够，教师培训质量标准也没有细化。因此，要想做好教师培训质量管理，对培训的质量进行监控，就需要构建教师培训质量标准体系。通过标准体系的建构，可以给教育行政主管部门和参训教师提供一个监督的标准，从而不断改进教师培训工作，促进教师培训质量的提升。

第二节　教师培训项目的管理

要想做好教师培训工作，就要从系统的角度来看待教师培训项目，采用系统的方法，优化各方面的资源和需要，按照既定的目标，制订合适的计划，从而使教师培训项目得到良好的运行。教师培训在实施过程中通常是以项目形式进行的，要想做好教师培训，科学高效地进行项目管理是教师培训有效性的保障。

一、教师培训需要项目管理的原因

（一）项目管理的内涵

美国项目管理协会出版的《项目管理知识体系指南》一书中指出：项目是为创造独特的产品、服务或成果而进行的临时性工作。意思是说项目不是常规的工作，它不是按部就班的，一般工作是重复不变的，而项目则有着明确的目标，有着自己的起始过程，有开始、有中间、有结尾。概括来说，项目是指一系列独特的、复杂的、具有相互关联的活动，这些活动有着明确的目标，要在特定的时间、预算、资源限定内依据一定的规范完成。

项目主要包括五大元素：任务、目标、成本、时间、负责人。在这五个元素中项目的中心是任务，它主要是指该做什么的具体细节。目标是项目的起点和终点，是否有明确的目标，是一个项目能否有效实施的前提。而检验项目实施效果的核心指标就是目标达成与否。每一个项目都需要一定的经费来支撑，因此要做好科学预算成本分析。在实施项目时都有一定的时间限制，要在规定的时间内完成项目，不能拖延。项目是由项目团队来完成的，而项目团队都有一个项目负责人。

项目管理最早起源于美国的曼华顿计划。在20世纪50年代，由华罗庚教授引入中国，当时叫统筹法和优选法。20世纪60年代项目管理的应用范围还比较局限，主要应用在建筑、国防和航天等少数领域。如今，项目管理开始在各行各业应用开来。所谓项目管理就是项目的管理者，在有限的资源的约束下，通过运用系统的观点、方法和理论，对项目包括的全部工作进行有效的管理，也就是项目管理者从项目的投资决策开始到项目结束的全过程进行计划、组织、指挥、协调、控制和评价，从而实现项目的目标。在项目管理中，团队、目标、规划、组织、资源、协调等几个方面是项目管理的关键问题。

(二)项目管理与教师培训的相配性

教师培训项目管理就是在教师培训过程中将项目管理的原则和方法应用起来，把教师培训任务整合为一个项目，组建项目组织，制定项目目标，根据责任权利统一的原则，通过目标优化、过程管理和绩效评估等过程，保证教师培训的有效实施。教师培训项目管理就是将项目设计、实施、评价，贯穿到整个教师培训过程中的一套管理机制。

项目管理之所以适合教师培训管理，主要是因为教师培训通常以项目的形式存在，教师培训工作和项目的特点要素应一致。

第一，教师培训有着阶段性特点，由此来看，项目管理的相对独立性与教师培训管理的需求非常匹配。中小学教师培训通常是一次性的，每次教师培训的对象是不一样的，需要设计独特的目标和任务，从客观要求上要把具有不同对象的培训目标、培训方案和评估标准的教师培训切分为不同的培训项目，并以项目活动独立实施，对项目进行有效的监督管理，从而保证教师培训的效果。

第二，新课程要求教师培训不断创新。培训项目具有多样化和个性化的特点，传统的管理模式已经无法适应当前教师培训的管理要求。中小学教师培训有着层次性和多样性，因为参加培训的教师来自不同地区、不同的学校，从事的教学学科不同，此外还有岗位之间的差异（学校的管理者、后勤服务者、科目教师等），针对不同的教育对象和学科要求，培训有着不同的目标和内容，中小学教师培训必须在教学目标、课程设计组织实施和效果评估等方面具有多样性的特征。加上中小学教师培训有着较强的专业性和针对性，在设计教学方案时，要根据中小学教师的实际需求来设计，这样才能有效提升教学培训的专业度和效果。由此来看，教师培训过程必须有专业的引领和针对性的目标。

（三）项目管理在教师培训中运用的价值

中小学教师培训项目管理科学有效才能保证培训目标的制定和明确、培训资源的合理配置、培训质量的高效，促进教师培训日益专业化。将项目管理理论和方法应用到教师培训管理中，主要有以下几个方面的意义和价值。

第一，项目管理是以目标为导向，这可以提高教师培训的效率和质量。在教师培训项目管理过程中，通过制定合理的目标，将目标一步一步分解，以目标为导向进行资源的配置，统筹兼顾，提高资源的利用效率，不断降低管理的成本，在人财物的组合方面更加合理，各部分人员的责任权利更统一，培训管理更加科学有效。

第二，项目管理可以调动管理人员的积极性。项目管理一般是项目负责人制，管理层次比较简化。不同专业、学科、培训对象和资源的活动是以项目组的形式进行的，通过合理配置时间、成本、人力、资源等对教师培训项目进行有效管理。在组织成员激励方面，主要是通过对培训过程实施监控，建立有效的内部、外部评估机制，根据目标的达成情况来进行。而项目管理的柔性组织可以打破管理部门层级的禁锢，使原有的权力结构、智力层次和人际关系限制被打破，根据目标实现的情况，对项目组成员进行激励，调动管理人员的积极性。

二、教师培训项目负责制

教师培训项目负责制就是以教师培训项目的组织实施为工作核心内容，以培训项目预期目标的完成情况为主要考核的内容，根据考核结果，对培训项目负责人和团队进行评价和奖惩的一种管理模式。培训项目负责制实际上就是在培训项目管理上实行的责任制，也就是依据不同的项目，确定好合适的负责人，项目负责人对项目的实施全过程进行负责，包括调研论证、申报立项、师资管理、组织实施、学员管理、后勤管理等。

项目负责制的主要特点是由项目负责人作为某个培训项目的总负责

人和执行人，对项目的最终情况负责任，由项目负责人带领团队，对项目培训的全程进行策划、管理、协调、监控。依据授权范围，项目负责人在项目实施的全过程具有相对独立的专业权利和培训业务管理权，并对项目的政治责任、质量责任、经济责任等在内的各种责任承担后果。

选好项目负责人是培训项目责任制的关键。项目负责人要有较高的水平，要具有理论水准和实践能力，要具有高度的责任感及很强的组织管理能力。教师培训负责人应该由相关专业的技术人员担任，主要具备的素质和能力有：一是要了解教师教育理论和教师专业发展规律；二是要熟悉基础教育和教育改革的发展动态；三是要了解和掌握当前的教师培训政策；四是要具有良好的策划、协调、解决问题的组织管理能力。

在确定好项目负责人后，要给项目负责人明确的责任和权利。项目负责人的权利主要有项目决策权、培训课程设计权、培训师资配备权培训、资源整合权、培训项目组织实施权等。

此外，项目负责人和行政领导之间的关系也要处理好。分管领导要领导项目负责人做好培训项目的组织实施。领导要给予项目负责人自主权利，在行政方面给予支持和保障。项目负责人也要服从各级领导的安排。

三、教师培训项目的主要类型

根据不同的划分标准，教师培训项目可以划分为不同的类别，主要有以下两个大类：

（一）从主管主体划分

根据培训项目主管单位的不同，我国主要有以下几个培训层次和项目培训。

1. "国培计划"培训项目

中小学教师国家级培训计划，简称"国培计划"，在 2010 年，由教育部、财政部全面开展实施。国培计划主要有两项内容："国培计划"包括"中小学教师示范性培训项目"和"中西部农村骨干教师培训项目"

两项内容。

"国培计划"的开展实施提升了我国中小学教师的整体素质，尤其是农村教师素质，有了很大的提升。

2. 省级教师培训项目

为了响应国家计划，实施国家教师队伍建设精神，提升本省的教师队伍，增强本省教师的能力，全国各省（自治区、直辖市）也开展符合本省实际的教师培训项目。例如，浙江的"浙派名师名校长培平工程""长三角中小学名校长联合培训"等。

3. 市县区教师培训项目

我国地域辽阔，地区差别很大，而只靠国家和省级的教师培训项目不能有效满足广大中小学教师的发展需要，也无法满足各地师资队伍建设发展的需要。国家和省级的教师培训项目更多的是引领示范作用，要想有效提升本地的教师队伍素质，市、县、区需要根据本地的实际需要，做好本区域教师培训项目规划。

4. 校本教师培训项目

校本培训是指在教育行政部门的规划指导下，由中小学校长组织领导，教师任职学校自主开展的，以本校的教学工作实践为出发点，以提高本校教学质量，促进本校教师专业发展，职业修养为目的的教师在职培训形式。如果学校规模较大，可以以学校为单位；如果学校规模较小，可以以教研片为单位进行校本培训的实施。实施校本培训，有助于教师提高自己的专业能力，提升自己的教学热情，使学校变得更有活力。

（二）从岗位、层次划分

1. "分岗"培训项目

"分岗"是指按教师的岗位需要的能力来设计的教师培训项目。按学段划分，可以分为幼儿园、小学、初中、高中等教师培训；按教师的具体岗位划分，可以分为校长培训、教导主任培训、班主任培训、学科组长培训、学科教师培训、教研员培训等。

2."分层"培训项目

"分层"是指按教师的专业成长阶段进行的教师培训项目分类。教师培训要有"终身规划、精准研究"的理念。在教师整个职业生涯中，教师要不断学习，努力提高自己的专业水平。在不同的成长阶段，教师的学习需求也是不一样的，因此教师培训要分层次进行系统化的培训。以教师成长规律为制定依据，可以把教师培训分为新任教师的岗前培训、在职教师的岗位培训、骨干教师培训、专题高级研修、名师培养对象培训等方面。

四、教师培训项目的管理流程

依据质量管理专家戴明提出 PDCA 循环管理过程理论，教师培训项目的管理流程主要分以下四步：

（一）教师培训项目的策划立项

培训项目策划立项是培训的启动环节，主要包括一系列活动，如培训项目开发策划、培训需求调研、分析实施方案设计、组织论证、申报立项经费预算等。

培训机构的教师培训项目的主要来源有两个：一是国家、省教育行政规划部门的教师培训项目，这类培训项目经费由财政部门拨付，主要是通过竞争性申报获得；二是市县区教育行政部门或者中小学校规划的培训项目，主要是通过委托或者招投标的形式。教师培训项目无论来源如何，都需要培训机构进行项目组的组建、调研培训需求、开发设计课程、形成培训实施方案，完成初步策划后才能进行下一步培训实施。在这一环节中，核心工作是设计好培训实施方案。

培训项目实施方案有着重要的作用，它指导着培训项目的实施过程。科学可行的培训项目实施方案，是培训项目开展的第一步。完整的教师培训实施方案，主要内容有项目名称、项目负责人、项目组成员、项目背景及依据介绍、培训对象、培训目标、培训内容、培训模式与方法、培训师资、学员管理、培训时间、培训地点、经费来源、经费预算、培训项目监督和保证措施。在培训实施方案要素中，核心要素是培训目标内容和方式设计。

（二）教师培训项目的组织实施

培训项目组织实施环节是落实环节，该环节可以分为实施前期管理、过程管理、项目总结管理。

培训项目实施前期管理，主要工作是准备好培训项目开班前的工作，内容包括确定开班时间、确定培训课程表、落实培训场地设备、落实学校、落实培训教师、发布培训通知、印制培训手册、建立学员沟通渠道、协调后勤保障等。确定好开班时间后，为了保证参加训练的教师的报到率，还要通过各种途径通知参训教师，保证教师能够按时参加培训。

实施过程管理是项目负责人依照培训方案，带领项目组对学员报到、开班仪式、培训教学过程、学员考核跟岗学习、学员与培训教师、学员课余生活培训、质量监督等各项工作的精细化管理。

教师培训具有多环节、多种形式的混合性特点，据此，实施过程管理可以再细分为三个方面，分别是集中培训管理、实践教学管理和后期跟踪管理。集中培训管理时要注重维持良好的学习环境，将培训问题融入培训教学活动之中。实践教学管理则要注重与实践基地的有效沟通和共同管理，要注重学员的安全性和学习的效果。在实施教师培训时，要注意对学员的变化和授课教师教学情况的资料进行保存记录，为后期的教师培训改进工作提供参考依据。

（三）教师培训项目的监督检查

教师培训质量监控和保障的重要环节就是培训项目的监督检查，监督检查环节主要有两个主体，一是培训机构的管理部门，二是培训项目负责人，同时培训项目的委托方或上级教育行政部门，也可以对培训项目的实施情况进行监督检查，从而保证教师培训项目的质量和效果。

教师培训项目质量保障的第一责任人是项目组。因此，在培训项目实施过程中，项目组必须有质量意识，不能只埋头培训，还要通过一系列的监督检查措施对培训项目实施过程进行质量管控。授课教师的教学质量、参训教师的学习情况、参训教师到岗实践的情况、网络研修和返岗实践的情况，都需要项目组进行考核、反馈、评价。

教师培训项目组还要通过座谈、问卷调查、谈话等形式，对于学员的学习需求、学习效果、学员满意度进行调研，对学员学习需求和学习效果的相关情况要注意进行分析、整理、保存。项目组要对培训各个阶段和整体进行满意度调查，各阶段最后一天课程结束前或结业典礼开始前发放调查问卷。内容主要包括本次培训的总体印象、培训目标定位、培训课程和活动的安排、内容符合学员需要的程度、培训模式、主讲教师整体水平、学习资源、教学设施与条件、管理团队服务态度与质量、培训成果与收获等。

（四）教师培训项目的验收评估

在按时完成教师培训项目后，要对培训工作进行全面的总结，从而接受培训项目委托方或教育行政主管部门的验收评估和绩效考核工作。教师培训项目绩效考核评估以教师培训实施情况总结为基础，总结是教师培训管理的必要环节，主要内容包括学员满意度调查、学员考核、项目计划落实情况、简报收集、总结撰写，经费决算等。

对教师培训项目进行评估，主要是为了通过判断培训目标的实现程度来检验教师培训的效果，证明培训活动是有价值、有意义的。教师培训评估管理主要包括评估内容管理、评估方法设计、评估绩效报告等。教师培训项目绩效的重要文本表就是绩效评估报告。以评估主体为划分标准，教师培训项目绩效评估报告可以分为自评报告和第三方评估报告两类。

教师培训机构的自评报告应当以项目总结为基础，根据项目设计要求和实施过程中保存和整理的数据资料，从教师培训项目背景，培训的总体目标、培训的内容和方法、培训设计过程情况、经费使用情况、项目主要成果等方面，对实施项目的成功经验进行总结，对不足之处提出改进意见，形成科学的评价结论，从而为上级机构或第三方评估做好基础准备工作。

教师培训项目评估验收环节不能只停留在评估和绩效考核表面层次，项目组要把该环节当作提升教师培训工作质量、促进中小学教师专业发展和师资队伍建设的重要工作来做好。教师培训项目评估并不表明培训项目管理的结束。一个完整的项目管理流程还应当包括培训改进措施的落实和管理，要对培训过程中的具体工作问题进行梳理分析，对项目管理进行考核等内容。当评估结束后，评估机构要对照评估指标，结合自己的问题，总结教师培训项目流程管理中的成功经验，找出项目中存在问题，提出进一步的改进意见。

第三节 重视教师培训管理者素质和能力的培养

当前时代的飞速发展对教师素质的要求越来越高。而教师素质提高的一个重要途径就是教师培训。教育培训管理者被称为"教师的教师"。重视教师培训管理者素质的提升，是提升教师培训质量的关键。

一、正确的思想价值观

教师培训管理者的价值观影响着他的行为动作，只有正确的培训价值观，才能保证教师培训走上健康的轨道。

（一）社会效益优先

一般来说，培训要讲求社会效益和经济效益两个方面，但教师培训与其他培训不同，教师培训首要追求的应该是社会效益。国家相关文件在培训经费上明确规定，培训不能以创收为目的。教师培训项目做得好，既能推进教师队伍建设，促进教育专业的发展，还可以提高承训单位的社会知名度和影响力。

通常来说，项目委托方和项目承办方两者会站在不同的角度看待培训的效益，委托方希望承办单位把培训质量放在第一位，培训班的规模不应过大，而项目承办方有时会出于成本考虑，办班的规模人数越多越好。在一般情况下，委托方主要代表的是社会效益的一面，教师培训管理者应当尽量满足委托方的需求。

（二）学员利益优先

教师培训是一个动态的过程，在教师培训过程中经常会遇到各种各样的事情，多方的利益会出现冲突，如学员的利益、委托方的利益、培训机构的利益、培训管理者的利益等。在这些利益中，首要的是学员的利益，培训管理者无论任何时候都应当把学员的正当利益放在首要位置，当多方利益发生冲突的时候，管理者首要考虑的应当是学员的正当利益。

比如，培训教师的食宿安排工作，这在教师培训管理中是一个重要的内容，甚至关系到培训工作的成功与否。培训机构在培训时，应以当时的项目特点、参加训练的教师情况、学校的条件为出发点进行考量和安排。尽可能做到既便宜又实惠，让参加训练的教师们都满意。比如，口味合不合适，吃得卫不卫生。这些都是培训管理者要考虑的问题。

但要注意的是，学员利益优先是指学员正当利益优先，不是说只要是学员的利益都要满足。当学员的不合理要求与工作原则相违背时，要坚持基本原则，不能因为面子、情谊问题而放弃基本的原则。在和学员沟通时，要注意方法得当，要有一颗真诚的心，耐心地向学员解释说明，让学员理解培训工作的出发点，支持培训机构的工作。

二、高尚笃定的教育情怀

有句话说："教育的本质是点燃"。教师培训也是如此，应该用灵魂去触动灵魂，用感情去培育感情，以情怀去感染情怀。作为培训管理者，要具有高尚的、笃定的教育情怀。

（一）爱学员

像教师爱学生一样，培训管理者要热爱参训教师，要从内心里接纳、欣赏、尊重参训教师，要真诚地服务他们。这是培训管理者应有的最基本的职业情怀，是做好培训管理工作的基础。

只有爱学员，培训管理者才愿意接近学员、了解学员，和学员友好相处，才愿意去和学员交朋友，倾听他们的想法和意见，使培训项目得到更好的实施。爱护学员体现在细节里，如可以从以下小事着手。

第一，强调学员的安全工作。在培训工作中，学员的安全工作是非常重要的，培训管理者对学员多多关照，注意学员的安全，当发生意外时，要以关心的态度，果断地采取救护措施，在必要的时候给予经费支持。

第二，叫出学员的名字。叫出一个人的名字，会让对方觉得有尊重感。培训管理者如果能够认识班上的学员，可以缩短学员与培训机构的心理距离，有助于促进学员和培训管理者之间的交流。

第三，微笑沟通。培训管理者与学员的沟通状况，对培训项目是否能够按计划实施起着重要的作用，培训管理者和学员相处得好，可以促进学员对培训项目的感情，提高学员对培训的满意度，有助于学员在培训过程中保持良好的心情。因此，培训管理者应该从微笑做起，加强和学员之间的交流沟通。

（二）爱团队

培训管理者要爱自己的工作团队，要有团队需要我、我需要团队的团队意识，在教师培训项目实施过程中，团队分工合作是很有必要的。需要培训管理者和同事之间互相支持、互相协调，维护团队形象，提升团队凝聚力，为团队增光添彩。

第一，加强团队建设，团队成员之间互相帮助。团队成员之间要互相帮助，培训管理者在一个团队里工作，要关心每一个人的切身利益，所谓"一人为大家，大家为一人"。当同事有困难的时候，只要有能力就应该给予力所能及的帮助。

第二，多与团队成员交流。培训管理者要想做好培训工作，需要与团队工作人员多多交流，拉近工作人员与管理者之间的心理距离，如此才能使团队成员之间的合作关系更加融洽，促进培训管理团队工作效率的提升。团队成员之间应当互相尊重、互相信任、互相支持。要多与团队成员互相交流，尤其是在项目开展前，相关人员一定要做好事前沟通，到时以一致的态度来行事。这样既可以增强团队的工作执行力，也可以维护团队的整体工作形象，树立起培训团队成员的威信。

（三）爱学习

培训管理者应该既是教育的实践者、教育的管理者，也应是教育的研究者，教师培训项目的工作很繁杂，因此开展教师培训，需要培训管理者投入非常多的时间和精力，但是，培训管理者就算再忙也要抽时间进行学习和研究，了解当前的培训项目相关知识，了解中小学教育教学管理知识、成人教育理论等。如此才能不断与时俱进，提高培训管理的效率和质量。

第一，主动给自己加任务。任务驱动可以促进学习。在平时的教师培训中，为了加强培训效果，通常让参训教师进行任务驱动型学习。而对于培训管理者来说，也可以用任务驱动的方式来促进管理者学习。

第二，加强专业方面的学习。培训管理者要加强本专业的学习，在项目开始前要对项目制定执行方案、项目的相关内容等进行学习，在必要时可以向专家讨教，从而保证学员有问题时能够对其做出正确的指导。

第三，在交流中学习。培训管理者要和同行多交流。教师培训管理者应当多参加一些行业会议，吸收一些先进的经验，将其融入自己的管理实践中来，不断提升自己的相关知识和管理能力。

培训管理者还要和学员多交流，了解学员的需求与兴趣，了解培训过程中存在的问题，不断优化培训管理的流程和实施过程，帮助学员解决问题，提升他们的能力。

第四，在读书中学习。读书可以拓宽人的视野，开阔人的眼界。培训管理者在平时可以阅读一些行业相关的书，专家和优秀教师的著作都应当列入培训管理者的书单之内。人的经验来源有两种：一种是直接经验，另一种是间接经验。而优秀教师的著作都是他们经历的总结，培训管理者在工作中能借鉴相关经验，提升工作实效。

第五，进行驻校研修。培训管理者除了平时的学习交流外，也可以进行驻校研修，即培训者作为学习者在进修的院校驻校，亲身体验和学习进修学校在设计和管理方面的好做法，了解他们在培训上的创新和特色，吸取宝贵的经验。驻校研修可以扩大培训管理者的视野，丰富培训管理者的专业底蕴。

第六，加强网络学习。新时期网络研修课也是一个重要的学习方式，培训管理者要加强新途径的学习。培训工作要想创新发展，需要培训管理者不断学习,更新自己的思想和理念,勇于尝试新的培训方式方法,只有管理者的素质得到提升,才能更好地激发学员的积极性,才能有效地提升教师培训的质量和效率。

(四)守诚信

"守诚信"是道德领域,也是每一个人应有的情怀。对于培训管理者而言,诚信更有着非常重要的意义。守诚信既是对委托单位、对学员的基本承诺和保障,也是遵守教育部对培训办班的基本要求。守诚信体现了培训管理者的人格魅力,有助于承训单位良好形象的建立。这体现了对学员的基本尊重,保证了培训管理的质量,是做好培训工作的基本需要。

三、认真执着的事业精神

要提高教师培训的质量,提升培训机构品牌的影响力,要求培训管理者具有认真执着的事业精神,如此,培训项目才能拥有灵魂。

(一)一丝不苟的精神

一件事情只有认真去做才能够取得成功,对于教师培训项目而言,一个好的培训方案必须有一丝不苟的精神去实施才能有效地完成。教师培训项目要想获得学员良好的满意度,需要管理者有一丝不苟的精神,将培训的每一个环节都落实到位。

比如,在培训环节中要加强对导师的工作要求和对学员小组的教育管理。一是进一步提高学员对培训活动的认识,让他们认清培训活动的意义,同时了解清楚培训活动的要求,提高遵守纪律的自觉性。二是让导师清楚培训活动的要求,使导师遵循培训计划来进行,而不应随意更改培训内容。三是作为培训管理者,要进行事先的布置,提前一天召开会议,做好培训活动的动员,强调培训活动的意义和考核,促进相关人员用积极的态度投入培训活动。

（二）执着追求的精神

做好一件事很容易，做好所有的事不容易，做好一次培训容易，做好所有的培训不容易。在教师培训管理项目实施过程中，无论是计划实施学员出现的问题，还是改进管理中的细节，都需要培训管理者具有执着追求的精神。不断提高培训质量是培训管理者应有的信念。比如，在培训过程中，委托单位的各种请求要做到有求必应，这也就抓住了很多发展机会。

管理者的行为和态度对学员的影响是无声的，如果管理人员的表现是积极的，那么一定会给学员带来一个正面的影响。

四、坚持正确的工作理念

培训工作需要有正确的培训理念来指导。一位优秀的管理者要有一个正确的培训理念来指导自己开展工作。

（一）以学员为主体的理念

从学习理论来看，学习者在学习过程中是学习活动的主体。在教师培训项目实施过程中，培训活动的主体是参加培训的教师。培训管理者的工作是围绕着参加培训的教师来进行的，可以说，一切工作都是为他们提供服务。在培训界通常有培训就是服务这样的口头禅。一般而言，服务的内容有课程准备、组织教学活动、照顾学员的生活、对学员情况进行训后跟踪等。

（二）"教学做"合一的理念

"教学做"合一是陶行知提出的教育理念。这个教育理念已经被无数实践证明是正确的教育理念。在教师培训项目中，为了提高培训质量，培训管理者需要关注培训模式和方法的创新与发展。以"教学做合一"的培训理念为指导，培训管理者可以创造出新的培训模式。比如，研讨互助模式，师生、生生互助模式，调研模式，训后跟踪指导模式，对话式、著书式，等等。

五、充满哲思的教育智慧

教师培训工作是成人教育，它既具有中小学教育特点，又具有成人教育的特点。因此，培训管理者在工作过程中要善于运用智慧和方法来处理问题。

（一）善于观察

培训管理者要想做好教育培训的组织工作，首先要了解学员的基本情况，了解学员对培训安排的反应和态度。因此，培训管理者在工作过程中要善于观察，抓住细节，通过细节来了解和把握学员的动态。对于学员取得的成绩要及时鼓励，对于学员的问题要及时纠正。

关于观察和调查的方法有很多，比较好用的有以下几个。

一是现场巡视。在中小学进行校园活动培训的时候，培训管理者可以去现场进行参观和调查，了解更多的信息。

二是进行个人访谈。培训管理者可以去学校或者其他场合与个别教师进行深入交流访谈。交流和访谈法有助于了解教师的真实需要。除了对一般教师进行访谈，还可以对教育组长、学校的中高层干部等进行访谈。

三是查找以往的培训总结和相关的工作资料。可以将其他机构或学校的培训总结和进化比较来看，看看当初的计划落实得是否到位，在做观察时要注意总结经验。

（二）善于分析

作为培训管理者，要善于分析项目运行过程中观察到的现象，要从现象中分析出问题发生的原因，描述出事物的内在矛盾和相互关系，进而提出相应的改进对策。培训管理者只有善于观察，才能不断提高培训管理的质量。

比如，就算是同一种现象，产生的原因也是不一样的。当上课效果不好的时候，原因有可能是因为专家授课水平不高；也有可能是专家对学员的了解不够，从而使授课内容缺少针对性；也有可能是因为专家的研究专长和培训机构邀请讲课的专题不一致。如果是后面两种情况，那么培训管理者是失职的，培训管理者需要事先帮专家了解把握学员的情况。因此，当在工作中遇到问题时，要找到影响事物的原因来分析，就算是相同的现象也要分析其原因。如果不加分析一概而论，粗暴地对事情的结果下结论，是无法提高管理者的工作效率的。

（三）善于沟通

培训管理者要善于沟通和交流，这样才能妥善处理工作中遇见的问题，和同事、上下级以及学员保持良好的关系。

在和学员交流的时候应该多一些理解，如果用语得当可以使师生关系变得融洽，但如果用语不当会造成师生不和，如此不利于后续的培训管理。

当学员出现与管理要求违背的现象时，管理者应当对这种现象产生的原因认真分析，与学员做好充分的沟通，倾听学员的心声，用学员容易接受的语言方式表达自己的管理理念和思想，最终让学员理解并接受管理。

在工作中遇到冲突或者矛盾，不要粗暴地以制度来回应，培训管理者要静下心，把相互关系理清楚，对学员采取摆事实讲道理的态度比只强调制度更好，在和学员沟通讲道理的时候，要从学员的角度和利益点来去分析，这样效果会更好。

（四）善于协调

一个项目在实施时涉及很多方面，在工作中不可避免地会遇上冲突，培训管理者要善于协调各个方面，善于整合资源和力量，化解工作中的矛盾，在进行项目培训时培训管理者还要对培训项目中可能出现的情况作出事先的判断，并对有可能出现的不利情形做好相应的解决方案，避免产生不必要的矛盾，也避免临时出现意外措手不及。培训管理者协调工作主要体现在以下几点。

第一，要做好班级建设。无论时间长短，教师培训管理者要做好培训班的班级建设，好的班级是一个培训资源，在开班之前应当确定好班委组长等人选，一般情况下由于学员来自各地，互相并不熟悉，因此培训者直接指定人选为好。在正式开班的时候，班干部在全班与大家见面上岗。班级建设要充分发挥学员的主体作用，让学员进行自我管理，培训班的卫生、剪报制作等文体活动可以由班委进行管理，这样有助于增强班级凝聚力，同时也可以解放培训管理者的时间和精力。

第二，培训者要为自己的过错勇于承担责任，如果在工作中引起的矛盾是因为培训管理者方面的原因，造成了学员的不便，培训者要勇于承担错误，并做好相应的补救措施。

（五）善于把握

培训管理者在处理工作问题的时候，应当把握好维护各方利益的尺度，把握好处理问题的分寸和火候。

培训管理者在日常工作中要关注多方面的心理，如学员的心理、专家的心理，要维护好专家的形象。比如，在给专家讲课费的时候，不要当着学员的面给。

在教师培训过程中，在落地执行的时候，如果和原有的方案计划不一致，需要事先与培训对象的委托方进行沟通，避免造成学员的误会，引起学员的情绪波动，从而不利于培训目标的达成。

在培训过程中，还要把握好权力的分配。在实行过程中要明确责任。项目负责人负责项目方案的执行实施过程中各方面的协调工作，包括教学管理、学员管理、项目经费预算及预算方案执行等。约定好责任外还要进行权利约定，要明确规定好项目负责人的权利都有哪些，如可以对人力资源的使用提出建议，指挥相关人员参与项目实施，对预算之外的经费提出使用建议等。此外，要做好相互监督。

要把握好原则，灵活变通。在进行培训管理过程中，要尽可能满足学员的正常需要，但是一定要把握好原则，是满足学员的正当需求，如果有一些是不正当的需求，一定要坚决制止。尤其是对于有可能导致违规办事，甚至导致管理人员犯错误的要求，更是要回避。管理者应当关心学员，但这应当是在坚持正确原则下的关心，而不是罔顾制度为了学员的利益而破坏了制度。

要把握做好事的分寸感。在和学员交往的过程中，培训管理者为了提高管理效率，有可能要为学员帮忙处理一些事务，但是在帮忙的过程中，要注意讲究方法，要让学员感受到积极意义，从中受到激励，如果这件事涉及商业购物，需要谨慎对待，避免造成学员误会。

(六)善于思考

教师培训管理工作和中小学教学类似，两者都是教育方面的工作，但是教师培训管理工作有着自己的特点。最明显的就是参加教师培训的对象是不一样的，主要原因有以下几个。一是因为学科种类不同，教师培训的对象是来自各个学科教学、教育管理、学校行政管理等不同岗位的教师。不同岗位的教师特点是不一样的。二是因为各位教师的年龄、性别、知识结构也各不相同。一般而言，教育行政管理者的知识和阅历会多一些，而学科教师则相对简单，比较听话。三是从学校性质来看，各个学校的教师也有不同，如幼儿园的教师多为女性，而农村学校的校长多是男性。四是从地区来看，教师有着地域特点。南方的教师比较细腻，北方的教师性格豪爽，西部的教师少数民族会比较多，对饮食会有一些特殊的要求。总体来说，在教师培训管理中，会有各种新情况、新问题出现，培训管理者要善于分析问题，善于思考，从问题中总结规律，找出相应的解决办法，总结经验。

六、开拓创新的进取能力

教师培训工作不是一成不变的，它是在发展中前进的，需要教师培训管理者不断总结经验，开拓创新。需要注意的是，不要为了创新而创新，创新是要在工作中不断探索，在正确价值观和理念的指导下，以职业精神和智慧为支持，做好各个方面的基础工作，这样创新才有坚实的基础。

(一)共同创造有感染力、凝聚力的培训文化

培训文化是培训管理者及培训者共同认可和遵守的思想认识和行为方法。培训文化的内容有很多，如培训管理者的精神、价值、理念、态度、方法，在培训管理过程中的制度、习惯性做法等。培训文化对培训机构有着重要的作用。优良的培训文化可以增加团队成员的凝聚力，有

助于促进团队成员做好培训工作，提升培训工作的效率和质量。

第一，坚持培训特色，创造培训品牌。特色就是一个机构独有的，要想做好自己的品牌，就要坚持正确的方向，找到科学方法，坚持正确的理念，有自己的培训模式和资源，坚持做好管理，沉淀出自己的文化特色。

第二，管理人员在平时与学员交流过程中，要注意仪态仪表，虽然每名管理者的年龄、性别不同，但每个人都有自己的特点，在和学员交往的过程中，要注意展示有利于培训管理的方面，要向学员传递一个严谨的态度，在为中小学教师服务的过程中，还要遵守中小学教师职业规范。

第三，管理人员要注意言行。在教师培训管理中，培训管理者的一言一行都代表着培训团队的品牌，要注意好每一个细节，说好每一句工作用语。平时要加强团队人员的修养，提高情商方面的学习。

第四，加强团队建设。平常我们说团队一般是从物理意义上而言的，指的是一群被安排在一个部门的人员群体要加强团队建设，要注重加强全体人员的精神、价值观、理念和态度方面的建设，需要在这几个方面统一认知，如此才是一个精神的团队，只有一个团队具有同样的精神和信念，才有统一的行动，才能够有坚强的执行力，才能在工作过程中不怕困难，实现最终的目标。

（二）提高工作执行力

在教师培训项目中，教师培训管理者的执行力具有非常重要的作用，只有管理者有效执行才能实现培训的目标。高效的执行力主要表现为培训管理者在执行项目过程中，在工作计划方面具有前瞻性，在工作方法方面具有科学性，在和同事合作过程中具有协调性，在完成任务的时候注重时效性。

以调研工作为例，在培训项目实施时，一般要进行训前调研，开展调研主要有两个途径。一是在开班报到前，通过网络QQ群、微信群把调查的问题布置给学员作为作业提前完成。二是在报到时通过书面问卷或召开座谈会的形式来进行。无论哪一种方式，都要及时把结果整理出来。这就需要负责项目的教师提高工作效率，加强工作执行力。

(三)处理好项目实施的重点和难点

一般来说,教师培训项目有很多工作环节,培训管理者在项目落实的过程中要关注其中的重点和难点,要抓好重点化解难点,如培训项目的执行课表是一项重点工作,它在项目培训过程中有着重要的作用,就像是整个项目的工程蓝图,培训管理者要依照培训方案定好课程邀约授课专家,并请到位。而培训项目中的实践性教学环节则是重要且有难度的工作,培训管理者要重点关注并进行妥善安排。

(四)发挥好过程性评价的作用

做好培训过程是培训取得效果的保证。过程是结果的因,因此培训管理者在落实培训项目时不能只关注结果,否则的话就是空管理,要注意控制过程。实际上,控制好过程也就控制住了结果。从现实来看,教师培训项目的评估都是在训后对学员进行培训意见的反馈测评,但这种训后评估对本次培训效果的提升起不到作用。因此,培训管理者要注重过程评价,通过过程评价来促进教师培训工作质量的提升。

从培训机构而言,有效操作评估办法主要有两个:一是进行反应层评估,看学员的反应,二是听学员对自身行为变化的归因。培训管理者要做好培训过程中和培训结束后的问卷调查座谈和访谈。

(五)善于拓展培训资源

中小学教师培训工作的开展需要有丰富的培训资源。其中最重要的资源包括师资资源、信息资源、实践基地资源等。作为培训管理者,要做好各种资源的开发和积累。

(1)师资资源。培训管理者要不断开发和积累专家师资资源。在进行教师培训时,需要做到教师培训的每一个专题内容,都有几位专家进行选择。在积累师资资源时,要注意多个方面身份,要有高校专家,也要有中小学一线名师,还要有教学研究员等。

(2)信息资源。培训管理者还要注意信息资源的积累,在平时,培训管理者要注意关注当前中小学教育改革和发展的情况,关注当前的教育难点问题、热点问题，还要注意中小学教学研究成果的积累。除此之外，还要注意收集培训项目相关的资料，既可以自己学习，也可以给培训班的学员当作内容资料的补充。

（3）实践基地资源。当前来看，教师培训的实践性越来越强，在这种趋势下，培训教学形式也要增加实践性的教学形式，如到中小学参观考察、进行驻校研修等。这就需要大批具有特色的中小学当作实践基地。培训管理者要和基地学校打好关系，手中要有足够多的、特色丰富的、关系融洽的基地学校。

（六）探索新的培训方法

教师培训需要不断的创新发展。培训管理者应能以当前的培训项目的特点、学员的特点、培训内容的特点为基础，探索出更加有效的培训管理方法。比如，以往都是在结业时进行优秀学员的评选工作，但是这样做，不知道学员的实践情况如何，因此可以延后两个月进行优秀学员的认定，把学员的训后作业情况纳入认定考核之中，这样做可以促进学员学以致用，提升培训的效果。

参考文献

[1] 许占权，张妙龄. 教师培训理论与实务 [M]. 武汉：武汉大学出版社，2019.

[2] 张志峰. 教师专业发展及其工作体验与校本教学研究 [M]. 苏州：苏州大学出版社，2019.

[3] 黄莺，贾雪涛. 双师型教师的专业发展研究 [M]. 北京：中国书籍出版社，2019.

[4] 牛利华. 学校变革中的教师角色研究 [M]. 长春：东北师范大学出版社，2019.

[5] 申秀英，凌云志，张登玉，等. 教师培训模式创新研究与实践 [M]. 北京：光明日报出版社，2019.

[6] 崔友兴. 中小学教师专业发展动力论 [M]. 成都：西南交通大学出版社，2018.

[7] 初向伦. 学校联盟：教师专业发展的新路径 [M]. 长春：吉林大学出版社，2018.

[8] 潘海燕. 自主生长式教师专业发展研究 [M]. 武汉：华中师范大学出版社，2018.

[9] 席梅红. 中小学教师专业发展实践指导体系建构 [M]. 广州：广东高等教育出版社，2018.

[10] 孙萍. 新形势下教师专业发展的全方位探究 [M]. 长春：吉林大学出版社，2018.

[11] 郭郁. 新建本科院校教师培训体系构建探究 [M]. 北京：光明日报出版社，2017.

[12] 贾淑云. 教师培训的反思与展望研究 [M]. 北京：光明日报出版社，2016.

[13] 黎琼锋. 追寻幸福：教师专业发展之路[M]. 桂林：广西师范大学出版社，2017.

[14] 张典兵，王作亮. 教师专业发展[M]. 徐州：中国矿业大学出版社，2017.

[15] 黄宁生. 教师培训管理者的素养[M]. 长春：东北师范大学出版社，2016.

[16] 左群英. 教师专业发展[M]. 西安：西安交通大学出版社，2016.

[17] 高湘萍，朱敏，徐欣颖. 教师专业发展的自我心理研究[M]. 苏州：苏州大学出版社，2016.

[18] 龙宝新. 教师专业发展与职业道德修养[M]. 西安：陕西师范大学出版社，2016.

[19] 翁朱华. 远程教育教师角色与素养研究[M]. 上海：复旦大学出版社，2015.

[20] 金红梅，赫秀辉，李海丽. 区域教研与教师专业发展[M]. 北京：中国青年出版社，2015.

[21] 王中华. 当代教师专业发展研究[M]. 北京：中国财富出版社，2015.

[22] 胡石其. 教师教育与教师专业发展[M]. 武汉：华中科技大学出版社，2014.

[23] 李更生，吴卫东. 教师培训师培训：理念与方法[M]. 杭州：浙江大学出版社，2014.

[24] 林志淼，李怀根. 交流与反思：教师培训理论与实践[M]. 保定：河北大学出版社，2014.

[25] 余新. 教师培训者专业化丛书：教师培训师专业修炼[M]. 北京：教育科学出版社，2012.

[26] 任学印，高玉峰. 校长与教师专业发展[M]. 保定：河北大学出版社，2012.

[27] 代蕊华. 教师专业发展与校本培训[M]. 北京：教育科学出版社，2011.

[28] 赵昌木. 教师专业发展[M]. 济南：山东人民出版社，2011.

[29] 于红. 教师角色与行为修炼攻略[M]. 呼和浩特：内蒙古人民出版社，2011.

[30] 荀渊，唐玉光. 教师专业发展制度 [M]. 北京：教育科学出版社，2011.

[31] 李永梅. 教师角色调适力修炼 [M]. 长春：东北师范大学出版社，2010.

[32] 李永梅. 教师角色与行为艺术 [M]. 长春：东北师范大学出版社，2010.

[33] 许伟，胡庆芳，沈涛，等. 校本培训创新：青年教师的视角 [M]. 北京：教育科学出版社，2009.

[34] 余文森，连榕. 教师专业发展 [M]. 福州：福建教育出版社，2015.

[35] 熊焰. 校本培训：教师专业发展 [M]. 广州：广东高等教育出版社，2006.

[36] 舒志定. 教师角色辩护：走向基础教育课程改革 [M]. 杭州：浙江大学出版社，2006.

[37] 汪馥郁，杨建广. 成为富有创新能力的教师：以胜任新课程教学为目标的创新能力培训 [M]. 广州：新世纪出版社，2005.

[38] 张丛. 教师技能及课堂导入能力的培养与训练 [M]. 呼和浩特：远方出版社，2005.

[39] 高霞. 新课程下的教师观与教师角色转变 [M]. 北京：首都师范大学出版社，2005.

[40] 黄燕. 中国教师缺什么：新课程热中教师角色的冷思考 [M]. 杭州：浙江大学出版社，2005.

[41] 饶从满，杨秀玉，邓涛. 教师专业发展 [M]. 长春：东北师范大学出版社，2005.

[42] 周金虎. 中小学骨干教师培训的理论与实践 [M]. 北京：中国人事出版社，2004.

[43] 刘堤仿. 教师校本培训学 [M]. 杭州：浙江大学出版社，2004.

[44] 李方. 创新·示范·引领：新课程教师培训策略与案例 [M]. 北京：北京出版社，2004.

[45] 浙江省特级教师协会. 特级教师论课程改革中的教师角色 [M]. 杭州：浙江教育出版社，2004.

[46] 北京师联教育科学研究所. 多元智能与教师专业成长——师生关系·教师角色与多元智能教师 [M]. 北京：学苑音像出版社，2004.

[47] 梁国平，杨驰. 教师培训的实践与研究 [M]. 北京：北京邮电大学出版社，2003.

[48] 曹朝阳. 教师角色修养 [M]. 西安：西安地图出版社，2003.

[49] 李瑾瑜. 课程改革与教师角色转换 [M]. 北京：中国人事出版社，2002.

[50] 叶澜，白益民，王枬，等. 教师角色与教师发展新探 [M]. 北京：教育科学出版社，2001.

[51] 新课程实施过程中培训问题研究课题组. 新课程与教师角色转变 [M]. 北京：教育科学出版社，2001.